아이를 혼내기 전 읽어야 할
엄마의 하브루타 대화법

"아이를 혼내기 전 읽어야 할

엄마의 하브루타 대화법"

김금선 지음

위즈덤하우스

프롤로그
/////

아이도 엄마도 행복해지는 최강의 대화법

요즘 교과서를 보면 사지선다형 문제가 거의 없다. 수학 문제조차 서술형이다. 긴 문장으로 이루어진 문제의 의도를 정확히 이해하고 자기 생각을 글로 표현할 줄 알아야 수학 점수가 나온다. '문과'와 '이과'의 구분도 희미해졌다. 현재 고등학교 1학년부터 대학 입시에서 문과와 이과의 구분이 사라진다. 이과 성향이라고 수학만 잘해서도 안 되고 문과 성향이라고 언어만 잘해서도 안 된다. 인문학적 소양과 논리적 사고 모두가 필요해졌다.

시대가 새로운 인재를 요구하고 있다. 문과와 이과를 아우르는 지식은 물론 틀에 박히지 않은 창의적 사고와 협력, 배려 같은 인성이 중요해졌다. 직장을 구할 때는 물론 대학에 들어갈 때도 면접의 비중이 높아졌다. 이제는 시험지에 써낸 답이 아니라 사람들 앞에서 자기 생각을 얼마나 잘 표현하고 지식을 드러내느냐로 그 사람을 평가한다.

이미 세상은 변하고 있고 시대의 흐름을 막을 수 없다. 아이들이 살아갈 미래 사회가 어떻게 달라질지 감히 짐작조차 하기 힘들다. 미래가 어떤 모습으로 다가오든 세상에 휘둘리지 않고 자신의 인생을 항해할 수 있게 하려면 자녀에게 무엇을 가르쳐야 할까?

'습관을 바꾸면 인생이 바뀐다'는 말이 있다. 생각은 행동을 바꾸고 행동은 습관을 바꾸고 습관은 인생을 바꾼다. 우리의 삶은 크고 작은 습관들이 모여 이뤄진다. 이를 닦고, 정리정돈하는 습관에서부터 뭔가 새로운 일에 도전하고, 갖지 못한 것을 불평하기보다 내가 가진 것에 감사하는 습관까지 다양하다. 작은 습관들이 모여 우리의 인생 전체를 이끈다. 세 살 버릇 여든까지 간다고, 어릴 때 좋은 습관을 들이면 아이는 스스로 자기 인생을 잘 헤쳐 나갈 수 있다.
좋은 습관이야 말할 수 없이 많지만 살아가면서 삶의 토대가 되어 주는 마음 습관 4가지가 있다. 바로 책임감, 배려, 도전정신, 감사하는 마음이다. 이 4가지 마음 습관을 어릴 때 마음에 심어 준다면 불확실한 미래 앞에서도 결코 흔들림 없이 잘 살아갈 수 있다.
첫째, 매사 책임감을 갖는 습관이다. 책임감은 자기가 맡은 일이나 의무를 소중히 여기는 마음이다. 많은 부모가 자기 일은 자기 스스로 하는 아이를 교육의 목표로 삼는다. 무슨 일을 하든 책임감을 느끼며 끝까지 마무리하는 마음은 목표한 바를 이루는 데 기본이다.
둘째, 배려하는 습관이다. 우리는 사회적 동물로 혼자서는 살아갈 수 없다. 사람들과 원활히 소통하고 교류하기 위해서는 배려 또한 놓쳐서는 안 되는 습관이다.

셋째, 도전하는 습관이다. 우리는 살면서 갖가지 실패와 어려움을 겪게 마련이다. 성공만으로 이루어진 인생은 없다. 실패했다고 해서 의기소침하고 좌절한다면 세상을 잘 살아갈 수 없다. 실패에서 무언가를 배울 수 있다면 결코 실패라고 할 수 없다. 실패를 두려워하지 않고 새로운 일에 호기심을 갖고 도전할 수 있어야 한다.

넷째, 감사하는 습관이다. 불행한 사람들은 자기가 갖지 못한 것만 보면서 신세를 한탄하지만, 행복한 사람들은 자기가 가진 것에 충분히 행복해하며 감사를 느낀다. 감사하는 마음은 행복해지는 주문과 같다. 무엇보다 감사하는 습관을 가지면 자존감이 높아진다. 마음을 어떻게 먹느냐에 따라 인생이 달라진다는 것을 극적으로 보여 주는 것이 감사하는 습관이다.

지금 당장 국영수 점수를 올리는 것보다 아이의 긴 인생을 내다보고 마음 습관을 길러 주는 것이 부모의 역할이 아닐까? 하고자 한 일은 끝까지 책임 있게 마무리하고, 새로운 일에 과감히 도전하며, 다른 사람을 배려해 관계를 술술 풀어가고, 내가 지금 가진 것에 감사하며 행복할 줄 아는 아이로 키우는 것은 미래 인재가 되는 길이기도 하다.

그럼 4가지 마음 습관은 어떻게 길러 줄 수 있을까? 부모가 자녀에게 일방적으로 하는 가르침은 아무리 좋은 말이라도 자녀에게는 잔소리로 들릴 수밖에 없다. 효과적인 방법은 아이에게 질문하고 대화를 나누면서 어떤 자세와 태도가 바람직한지 스스로 깨우치게 하는 것이다. 바로 하브루타Havruta다. 하브루타란 서로 짝을 지어 질문하고 대답하면서 생각을 나누는 유대인의 전통 토론법이다. 친구, 형제자매, 부모님, 선생님 등 나이가 많건 적건 지위가 높건 낮건 하브루타의 짝은 누구라도 될 수 있다. 친구가 내 스승이고 또 내가 친구의 스승이 되어 대화를 나눈다.

하브루타의 소재 또한 무엇이든 될 수 있다. 글자를 읽지 못하는 어린이라면 그림책을 보며 할 수도 있고, 좀 더 나이가 들면 신문이나 뉴스를 보고도 할 수 있으며, 인문고전이나 베스트셀러 소설로도 할 수 있고 영화로도 할 수 있다. 여러 가지 소재로 대화를 나누면서 아이에게 마음 습관을 길러 줄 수 있다.

같은 이야기를 읽어도 짝과 내 생각이 다른 데서 다양한 관점을 접할 수 있고, 사고가 확장되며 깊어진다. 이렇게 생각의 근육이 발달하면 창의성도 빛을 발한다. 유대인은 하브루타를 통한 교육을 3천 년 동안 해왔다. 전 세계 인구 중 고작 0.2퍼센트를 차지하지만, 역대 노벨상 수상자의 23퍼센트가 유대인이며, 미국 유명 대학교 교수의 30퍼센트 역시 유대인이다. 구글 창업자 세르게이 브린과 래리 페이지, 페이스북 창업자 마크 주커버그, 영화감독 스티븐 스필버그, 정신분석의 창시자 프로이트, 발명가 에디슨, 과학자 아인슈타인 등 셀 수 없이 많은, 각 분야에서 성공한 인재를 배출한 그들의 저력이 하브루타에서 나왔다고 해도 과언은 아니다.

하브루타는 우리에게도 널리 알려져 아이를 키우는 부모라면 한 번쯤 들어봤을 것이다. 대개는 단순히 유대인의 공부법으로 이해하고,

똑똑하게 아이를 키우는 데 초점이 맞춰져 있다. 그러나 유대인이 하브루타를 통해 궁극적으로 바라는 것은 책임감, 도전정신, 배려, 감사 같은 좋은 습관을 통해 자신의 인생을 주체적으로 살아가게 하는 데 있다.

    하브루타를 실천하는 일은 어렵지 않다. 가족이 모여 대화하는 시간을 갖는 것이 그 시작이다. 세상에 진정성 있는 대화로 풀 수 없는 문제는 없다. 아이가 대화에 응하지 않는다면 부모는 먼저 자신을 돌아봐야 한다. 평소 아이의 말을 경청하지 않는다거나 아이의 감정에 공감하지 않는 것은 아닌가? 혹은 판단과 비난이 들어간 말을 하지는 않는가? 아이에게 질문이 아니라 명령과 지시만 하지는 않는가? 답을 정해 놓고 유도한다거나 부적절한 질문을 한 것은 아닌가?

    평소 꾸준히 대화하면 자녀와의 관계도 돈독해진다. 사춘기가 되어도 아이는 크게 엇나가지 않는다. 대화만 끊기지 않는다면 자녀에게 문제가 생겼을 때 그 신호를 놓치지 않을 수 있고, 함께 최선의 해결책을 찾아 나갈 수 있다. 그뿐만 아니라 사고력과 창의력, 표현력을 키울 수 있다. 궁극적으로 서로 질문하고 토론하면서 마음 습관을 키울 수 있다.

    나는 긴 시간 하브루타를 연구한 끝에 2013년부터 하브루타부모교육연구소를 운영 중이다. 전국에 강연을 다니며 수많은 부모를 만나 가정에서 하브루타를 실천하는 방법을 소개하고 있다. 하브루타를 접한 후 자녀와의 관계가 달라지고 자신도 아이도 성장했다는 감사의 후기가 줄을 이었다. 부모가 자녀에게 바라는 것은 비슷하지 않을까? 아이들이 행복하게 자기 인생을 주도적으로 살아가는 것. 이를 위해 필요한 것이 하브루타다. 서로 질문하고 대화하며 즐거운 가정 분위기를 만들다 보면 어느새 아이는 스스로 깨우치며, 살아가는 데 필요한 마음 습관을 익히는 것이다.

나는 세 남매를 키우며 어릴 때부터 하브루타를 실천했다. 식사 시간은 항상 시끌벅적했고, 늘 아이의 생각과 감정을 자유롭게 풀어놓을 수 있게 질문하고 귀를 열었다. 뉴스 기사나 책을 함께 보며 질문하기도 하고, 다양한 주제를 정해 가족끼리 하브루타 워크숍을 열기도 했다. 아이들에게 하브루타는 생활이고 문화였다. 세 아이는 기질과 성격이 다르지만 어떤 자리, 어떤 사람 앞에서도 자기 생각을 말할 수 있고, 자신의 강점을 어필하고, 자신의 의지를 관철하는 성인으로 성장했다. 하브루타로 키운 우리 집 세 남매가 어느새 스무 살을 훌쩍 넘겼다. 스스로 자신의 길을 개척해 가는 세 아이를 보노라면 유대인의 지혜에 새삼 놀라게 된다. 내가 이 책을 쓰게 된 이유다. 세 아이를 키우면서 직접 경험했기 때문이다.

물론 아쉬움이 남지 않는 것은 아니다. 좀 더 소통했더라면, 좀 더 공감했더라면, 좀 더 이해했더라면, 좀 더 도와줬더라면 어땠을까. 후회 없는 인생이 없듯이 육아도 지나고 나면 아쉬움이 많이 남는다. 지금 한창 육아와 자녀교육으로 고민하는 부모는 조금이라도 후회를 덜 했으면 하는 바람으로 이 책의 방법을 제안한다.

이 책은 1부와 2부로 구성되어 있다. 1부는 세 남매를 키우며 우리 집에서 하브루타를 실천한 이야기를 중심으로 하브루타의 개념과 효과를 보여 준다. 2부에서는 실전편으로, 엄마가 아이와 함께 『탈무드』의 이야기를 바탕으로 마음 습관을 길러 주는 대화법이 담겨 있다.

　자녀교육에는 왕도도 없고, 다른 사람이 성공한 방법이 내 가정과 자녀에게 모두 적용되는 것도 아니다. 다만 이 책이 행복한 아이로 키우기 위한 힌트와 방법을 찾는 데 참고가 되기를 바랄 뿐이다. 10년 공들여 자녀를 키우면 100년이 행복하다. 아이도, 부모도, 이 세상도 행복해진다.

차례

5 프롤로그 아이도 엄마도 행복해지는 최강의 대화법

1부
묻고 답하는 사이, 아이는 스스로 자란다

1장 하브루타 하기 전 부모와 자녀 사이

20 즐거운 집은 가장 좋은 학교
   행복한 부부가 행복한 아이를 키운다
   즐거운 집을 만드는 비결

27 아이는 나와 다른 인격체
   하브루타는 밥상머리 교육
   아이를 존중할 때 대화가 술술 풀린다

35 주지 않는 것도 사랑이다
   유대인의 경제교육과 나눔교육
   넘침보다는 부족함이 낫다

42 "물어본다고 잃을 건 없지"
   교장과 담판 지은 당찬 열여섯
   질문은 아이를 성장시킨다

49 화초처럼 키운 아이는 온실을 벗어나지 못한다
   부모라면 유대인처럼

2장 질문하고 토론하는 하브루타의 기적

56 세상이 두렵기보다 만만해진다
  문이 열릴 때까지
  중요한 것은 결과가 아니다
  우리 집은 실리콘밸리

65 미래 인재가 되는 지름길
  경쟁보다 협력, 갈등보다 조화

69 말하면 이루어진다
  하브루타 가족 워크숍
  꿈을 응원하는 방법

3장 아이와 어떻게 대화해야 할까

76 좋은 질문이 인생을 바꾼다
  질문은 사랑이고 관심이다
  좋은 질문 VS. 나쁜 질문

82 아이와 신뢰를 쌓는 대화법
  잔소리는 가장 게으른 훈육 방법
  칭찬도 잘해야 효과가 있다

89 기질에 따라 하브루타도 달라진다
  아이마다 기질과 성향이 다르다
  내 아이는 어떤 유형일까?

2부
매일 아이와 함께하는 엄마의 하브루타 대화법

4장 책임감을 기르는 하브루타 대화법

- 100 학교에 가기 싫어하는 아이
- 108 숙제를 안 하는 아이
- 115 할 일을 미루는 아이
- 123 공부하기 싫어하는 아이
- 129 스마트폰만 들여다보는 아이
- 135 약속 안 지키는 아이

5장 배려심을 기르는 하브루타 대화법

- 142 과도하게 욕심이 많은 아이
- 148 부모 말을 무시하는 아이
- 156 형제와 사이가 나쁜 아이
- 164 툭하면 친구와 싸우는 아이
- 170 욕하는 아이

6장 도전정신을 기르는 하브루타 대화법

178 무기력한 아이
185 새로운 일을 거부하는 아이
196 소극적인 아이
205 남들 평가에 연연하는 아이

7장 감사의 마음을 기르는 하브루타 대화법

212 짜증 내는 아이
220 행복하지 않은 아이
227 고마워하지 않는 아이

234 에필로그 상처 주지 않고 야단치지 않고 아이를 바르게 키운다

1부
묻고 답하는 사이, 아이는 스스로 자란다

1장

하브루타 하기 전
부모와 자녀 사이

즐거운 집은 가장 좋은 학교
―― *havruta* ――

엄마 아빠가 서로 사랑하면 아이는 기쁘다.
집 안에 웃음이 끊이지 않으면 아이는 안심하고 무럭무럭 자란다.
가장 좋은 학교는 즐거운 집이다.

큰딸이 여섯 살이었을 때의 일이다.

뜬금없이 "우리 집이 부자예요?"라고 묻기에 "당연히 부자지. 마음이 부자니까"라고 대답해 주었다. 그런데 며칠 뒤 어린이집에 다녀온 딸이 이렇게 말하는 게 아닌가.

"엄마, 선생님께 말했어요. 우리 집이 세상에서 가장 부자라고."

순간 '선생님이 묻지도 않은 말을 왜 한 거지?'라는 생각이 들며 당황스러웠지만, 곧바로 이렇게 말했다.

"오, 정말 잘했어. 그렇고말고. 우리 집이 세상에서 가장 부자지."

왜 이 장면이 지금까지 또렷하게 기억에 남는지 모르겠다. 이젠 성인이 된 큰딸도 가끔 그때 이야기를 하면서 웃는다. 그러곤 꼭 덧붙인다.

"엄마, 진짜 우리 집이 세상에서 가장 부자인 것 같아요. 세상에서 가장 행복한 집이잖아요."

행복한 부부가 행복한 아이를 키운다

당시 큰딸이 우리 집을 가장 행복하다고 여긴 이유가 있었다. 말 많고 웃음 많은 집이기 때문이었다. 나는 우리 집에서 코미디언이다. 매일 아침 노래를 부르면서 안방을 나와 춤을 추며 거실을 활보하고, 우스갯소리를 입에 달고 산다. 조금만 우스워도 입을 벌리고 껄껄 웃는다. 남편도 말 많고 웃음이 많은 데다 지금까지 아이들 앞에서 큰소리를 내본 적이 없다. 자는 아이를 깨울 때도 조용한 음악을 틀거나 부드럽게 등을 쓰다듬는다. "일어나!" 소리 한 번 지르는 것이 더 손쉽다는 것을 알지만 시간이 좀 더 걸리더라도 남편은 이 방법을 썼다.

부부가 서로 사랑하고 가정이 행복하면 아이들은 저절로 자신감이 생긴다. 자신감은 어떤 것을 할 수 있다거나 어떤 일을 잘할 수 있다는 자신에 대한 느낌이다. 프랑스 대학에서 철학을 가르치는 샤를 페팽은 자신이 원하는 삶을 살아가는 데 가장 필요한 것으로 자신감을 꼽는다. 자신감의 바탕은 자신에 대한 믿음이다.

우리 집이 행복하다고 느끼며 자란 큰딸의 가장 큰 장점은 밝은 에너지를 지녔다는 것이다. 어려운 일이 닥쳐도 긍정적인 마인드로 해결해 나가고, 스스로 삶을 개척해 나간다. 그 모든 것의 바탕에 자신감이 자리하고 있다. 자신감 있는 큰딸을 보며 더욱 행복한 가정, 행복한 부부관계의 중요성을 실감한다.

화내고 싸우고 냉랭한 부모 밑에서 자란 아이들의 마음속에는 죄책감이 깔려 있다. 아이는 생각한다.

'엄마 아빠가 싸우는 건 나 때문이야. 내가 잘못해서 그래.'

부모의 싸움은 아이에게는 전쟁과 같은 공포라고 전문가들은 말한다. 그래서 엄마 목소리가 조금만 날카로워지고 아빠 얼굴이 조금만 굳어져도 불안해한다. 엄마 아빠가 또 싸울까 봐 마음을 졸인다. 그러다 또다시 집안이 전쟁터가 되면 아이는 엄마 아빠의 싸움을 막지 못해 무력감을 느낀다. 이런 일이 반복되면 아이는 자신에 대한 믿음마저 가질 수 없다.

반면 대화와 웃음이 끊이지 않는 집에서 자란 아이는 자신에게 좋은 감정을 갖게 된다. 엄마가 자신을 보며 늘 미소 짓고 아빠가 자신의 말을 귀 기울여 듣는데 어찌 안 그러겠는가. 의도치 않은 실수에는 야단치는 대신 한 번 웃어 주고, 엉뚱한 소리를 해도 핀잔이 아니라 기발한 생각이라고 칭찬해 주고(세상을 바꾸는 것은 말이 되는 소리가 아니라 오히려 말이 안 되는 소리다. 인간이 하늘을 날고 우주에 가는 것도 처음엔 말도 안 되는 소리였다), 해야 할 일을 하지 않을 때는 잔소리가 아니라 "지금 네가 해야 할 일이 무엇이니?"라고 질문하는 부모 밑에서 아이는 자신감을 키워 나간다.

부모 앞에서 자기 생각을 말하는 걸 큰 부담으로 느끼는 아이들이 있다. 자신감이 없기 때문이다. 부모로부터 평가당하거나 비난받은 경험이 많으면 그럴 수밖에 없다. 행복한 집은 평가하거나 비난하는 게 아니라 경청하고 응원한다.

아이를 잘 키우고 싶다면, 자기 인생을 멋지게 설계하고 자신 있게 그 길을 걸어가길 바란다면 먼저 부부관계를 돌아보자. 서로 존중하며 대화를 많이 나누어 집안 분위기가 화목한지 말이다. 다른 모든 것에 앞서 즐거운 집이어야 한다. 엄마 아빠가 서로 사랑해야 한다. 웃을 일이 없어도 웃어야 한다. 웃다 보면 즐거워질 테니 말이다.

즐거운 집을 만드는 비결

하브루타는 '헤브루타'라고도 하는데 둘씩 짝지어 대화, 토론, 논쟁하는 유대인의 전통 교육 방식이다. 친구, 형제자매, 부모님, 선생님 등 나이가 많건 적건 지위가 높건 낮건 하브루타의 짝은 누구라도 될 수 있다. 친구가 내 스승이고 또 내가 친구의 스승이 되어 대화를 나눈다. 유대인의 가정이라면 어느 집에서든 부모와 자녀 간에 질문하고 대화하는 모습을 볼 수 있다.

대화가 없는 가정은 '홈'이 아니라 '하우스'에 불과하다. 아무리 유명한 학원과 비싼 과외도 가족과 나누는 꾸준한 대화만큼 큰 교육 효과를 내지 못한다. 대화가 많은 집은 행복한 집이기도 하다. 부부가 서로 사랑하지 않고 부모 자녀 사이가 껄끄러운데 대화가 꽃필 수는 없다. 대화를 하려면, 하브루타를 하려면 행복한 가정을 만드는 것이 우선이다.

연구 결과에 따르면, 자녀는 부모와의 관계보다 엄마 아빠의 부부 관계에 더 큰 영향을 받는다. 즉 부부가 서로 사랑하는 것이 아이를 사랑하는 것보다 더 중요하다는 얘기다. 아이에게는 서로 아끼고 사랑하는 엄마 아빠를 보는 것만큼 큰 행복이 없다. 그럴 때 아이는 안심하고 무럭무럭 자라 최고의 능력을 발휘할 수 있다.

우리 부모들은 배우자와 사이가 좋지 않으면 좋은 엄마, 좋은 아빠가 될 수 없다는 사실부터 알아야 한다. 자녀를 잘 키우고 싶다면 배우자와의 관계부터 회복해야 한다. 배우자와의 관계 역시 대화로 회복할 수 있다. 하브루타는 부부간의 대화에도 도움이 된다.

명문가 자제나 유명인의 사회적 일탈 행위가 연일 언론에 오르내리는 요즘이다. 아무리 명문대에 들어가고 좋은 직장을 나오고 사회적으로 성공했어도 그런 이들은 도태되기 마련이다. 우리 아이들이 시대가 요구하는 인성과 능력을 갖추기 위해서는 가정이 모든 것의 시작이 되어야 한다.

우리 집은 아이들이 유아기 때부터 일주일에 한두 번은 꼭 파티를 했다. 작은 케이크나 컵에 담긴 푸딩, 그것도 아니면 초코파이 몇 개에 초를 켜놓고서라도 소소하게 파티를 즐겼다. 가령 달리기 시합에서 등수에 들지 못하다가 손등에 '3등'이라는 도장이라도 찍어 오는 날에는 온 가족이 식탁에 모여 축하 파티를 했다. 선생님의 칭찬 한마디에 기분 좋아하는 아이의 마음을 축하해 주기도 하고, 자신의 생각을 잘 표현한 독후감을 써냈을 때도 파티를 했다.

초코파이 위에 꽂은 작은 초에 촛불을 켜고 가족 모두가 손뼉 치고 즐거워하는 모습을 보면서, 파티의 주인공이 된 아이는 자신이 매우 중요한 사람이며 가족에게 기쁨을 주는 존재라는 걸 느낀다.

잘한 일만이 아니라 격려와 응원이 필요할 때도 파티를 했다. 이렇게 가족이 모이면 자연스럽게 대화가 꽃핀다. 아이들은 가족 앞에서 자신의 느낌이나 생각을 표현하는 데 주저함이 없다. 가족 모두의 집중적인 관심을 받아서 자존감도 올라간다. 가족이 모인다는 것을 지금도 매우 즐거운 일로 생각한다.

남편은 바쁠 때도 이런 파티에는 잠깐이라도 참석했다. 자신들의 성장 과정에서 함께 기뻐하고 슬퍼하는 아빠의 모습을 보며 아이들도 감동을 받고 고마움을 느꼈다. 성인이 된 지금도 아이들은 아빠를 존경한다고 말한다.

작은 일에도 가족이 모여 즐거운 파티를 하고 힘든 일이 있을 때도 함께 모여 응원해 주면 아이들의 자존감이 높아진다. 자존감은 세상을 살아가는 데 큰 힘이 된다. 높은 자존감은 자신감과 직결되며 이는 삶의 굉장한 자산이다.

부모의 소소한 관심과 행동이 나중에는 큰 영향력을 발휘한다. 아이들의 자존감을 높여 주는 것만 꾸준히 해도 교육의 절반은 성공이다. 나는 우리 아이들을 통해 이를 경험했다.

자신의 존재가 기쁘게 받아들여지는 집에서 아이는 부모와의 관계가 나빠질 수가 없다. 높은 자존감을 유지하는 동시에 부모의 말을 신뢰하고 따른다. 부모와 갈등 관계이거나 소통이 잘되지 않는다면, 부모가 아무리 아이에게 도움이 되는 말을 해도 아이에게 제대로 전달되지 않는다. 지겨운 잔소리로 치부될 뿐이다.

부모의 안내와 조언이 백 퍼센트 옳지는 않다. 그러나 더 오래 인생을 살았고 경험이 많으므로 적어도 아이들의 판단보다는 나을 수 있다. 인생의 선배와 좋은 관계를 유지하고 그의 말을 신뢰하면 결국은 아이의 인생에 도움이 된다.

대화가 잘되는 집에서 자란 아이들이 행복한 인재로 성장한다. 그 첫걸음이 작은 파티는 아닐까. 작은 파티로 늘 웃음이 끊이지 않는 즐거운 집을 만든다면 아이와 부모의 관계는 절로 좋아진다.

아이는 나와 다른 인격체
―――― *havruta* ――――

유대인들은 아이가 어떤 질문을 하든
일단 수용하며 토론한다.
동등한 인격체로 바라보기에 가능하다.

아들의 꿈은 오랫동안 정치인이었다. 아마도 일곱 살 때부터 어린이 신문을 읽어서인지도 모르겠다. 아침 식사가 준비되는 동안 아들은 신문을 쓱 한 번 훑어보고, 밥을 먹으면서 인상 깊게 읽은 기사를 가지고 엄마 아빠와 대화를 나눴다.

가령 '송파 세 모녀 자살'에 대한 기사가 실렸다고 하자. 아이는 궁금해할 것이다.

"엄마, 왜 세 명이 다 목숨을 끊은 거예요?"
"신문에는 뭐라고 나와 있니?"
"돈이 없었기 때문이래요."
"그래, 월세를 내기도 힘들었다는구나."
"가난하다고 꼭 죽어야 하나요?"

"세상에는 가난하고 아픈 사람들이 생각보다 많단다. 살아가는 게 정말 힘들 거야. 그런데 희망도 보이지 않고 도움받을 곳도 없다면 앞이 캄캄하겠지. 그래서 더 이상 살아갈 용기를 잃은 게 아닐까?"

"그럴 수 있겠네요. 너무 슬퍼요. 누가 옆에서 조금만 도와줘도 좋았을 텐데."

"그래, 참 슬픈 일이야."

"가난 때문에 죽는 사람들이 없었으면 좋겠어요. 내가 크면 그런 사람들이 없는 나라를 만들 거예요."

하브루타는 밥상머리 교육

밥상머리 교육이라는 말이 있다. 조선시대 생활상이 잘 드러나는 『규합총서閨閤叢書』에는 우리나라 사대부 집안의 밥상머리 교육인 '식시오관食時五觀'이 적혀 있다. 식탁 앞에서 다음의 다섯 가지를 생각해 보라는 것이다.

첫째, 상을 차린 정성을 헤아리고 그것이 어디서 왔는가
둘째, 자신의 덕행을 살펴보아 밥을 먹을 자격이 있는가
셋째, 과하게 먹고 싶고 맛난 것을 탐하고 싶은 마음을 절제하고
넷째, 음식을 좋은 약으로 여기고
다섯째, 일을 하기 위해 음식을 받아야 함을 생각한다.

각자 바쁘게 살아가는 요즘 현대인들은 가족이 함께 모이기도 힘들다. 같이 식사하는 것은 가뭄에 콩 나듯 하는 게 현실이다. 가족식사가 얼마나 큰 힘이 있는지 『가족식사의 힘』이라는 책에 잘 나와 있다. 가족식사는 단순히 눈을 맞추고 밥을 먹는 행위를 넘어서 자녀의 지능, 건강, 정서에 크나큰 영향을 미치며, 가족의 결속을 강화한다.

가족식사의 힘을 잘 아는 민족이 유대인이다. 유대인들은 식사 시간을 소중히 여긴다. 훈육이나 잘못을 지적할 일이 있더라도 식사 시간만큼은 피한다. 식사 시간은 행복하고 즐거운 시간이어야 하기 때문이다. 아이들이 좋아하는 주제로 질문과 칭찬을 많이 한다. 감정을 공유하고 소통하며 남을 배려하고, 식사 예절을 익히며, 감사하는 배움의 시간으로 식사 시간을 활용한다.

우리 집은 식탁에 모여 함께 식사하면서 이런저런 이야기를 나눈다. 그날 학교에서 있었던 일이나 어젯밤 꿈 이야기, 친구 관계 등 소소한 일상을 공유하기도 하고 위의 사례처럼 신문이나 매체를 보고 궁금한 점을 서로 묻고 생각을 나누기도 한다.

현대인들의 삶은 누구랄 것 없이 바쁘다. 가족이라고 해도 식탁에 둘러앉아 함께 밥 한 끼 먹기 힘들다. 그러나 적어도 아이를 키우는 가정이라면 다른 어떤 것보다 함께 식사하는 시간을 일정하게 갖는 것이 어떨까? 아이가 바르게 자라는 데 어떤 교육보다 효과적이다. 하버드대학 캐서린 스노우 박사는 만 3세 어린이의 언어 습득에 관한 연구를 진행했다. 책 읽기를 통해 습득하는 언어는 140개에 불과한 데 반해 가족식사를 통한 대화에서는 1000여 개를 배운다고 밝혔다.

꼭 식탁이 아니더라도 거실에서 서로 얼굴을 마주 보며 수시로 대화를 나누어도 좋다. 전통적인 유대인 가정의 거실을 보면 가족들이 서로 얼굴을 마주 볼 수 있게 가구가 배치되어 있다. 반면 우리의 거실 풍경은 대부분 비슷한데, 소파 앞에 커다란 TV가 놓여 있는 식이다. 서로 마주 보는 것이 아니라 옆얼굴만 쳐다볼 수밖에 없다. 유대인 가정에서 서로 얼굴을 마주 볼 수 있게 가구를 배치한 이유는 자연스럽게 대화를 유도하기 위해서다. 생활 자체가 대화와 토론의 중심이 되어야 한다는 유대인의 삶의 철학이 배어난다.

아이를 존중할 때 대화가 술술 풀린다

2018년 대입 면접에서 나왔던 질문 가운데 한 가지가 "공부란 무엇인가?"였다. 밤 12시까지 학원에 다니며 열심히 공부해 왔지만 정작 공부란 무엇이고 왜 해야 하며 내가 공부하는 목적은 무엇인지에 대해 개념이 없는 학생은 대답할 수 없는 질문이다.

성적과 스펙이 뛰어난 한국 학생과 그보다는 떨어지는 유대인 학생이 똑같이 하버드대학교에 지원했다. 그런데 유대인 학생은 면접에 붙어 대학에 합격하고 한국 학생은 불합격했다. 한국 학생이 물었다.

"면접이 어렵던데 넌 어떻게 해서 붙었니?"

유대인 학생이 미소 지으며 대답했다.

"우리 아버지랑 토론하는 것보다 쉽더라고."

유대인은 가정에서 부모가 자녀와 함께 『탈무드』나 일상적인 주제를 가지고 규칙적인 하브루타 하는 시간을 갖는다. 학교에서도 학과목 공부보다 『탈무드』를 두고 하브루타 하는 시간이 더 많다.

꼭 『탈무드』가 아니어도 된다. 부모는 지식과 경험이 풍부하므로 아이가 세상에 대해 궁금한 것, 이해하지 못하는 것을 쉽게 풀어 설명해 줄 수 있다. 하브루타를 나누는 데 신문은 저렴하고 효과 좋은 소재다. 책을 통해서도 이런 하브루타를 할 수 있다. 가령 경제 동화를 읽고 나서 같이 이야기를 나누면 좋을 것이다.

"지호야, 소득이란 무슨 뜻일까?"
"돈을 버는 거요."
"그래, 맞아. 일을 하거나 재산을 이용해서 번 돈을 소득이라고 해."
"나도 소득이 높았으면 좋겠어요."
"그렇구나. 그런데 어떻게 하면 소득이 높아질까?"
"돈 많이 버는 직업을 가지면 되죠."
"그런 직업을 가지려면 어떻게 해야 하는데?"
"일단 아는 게 많아야 할 것 같아요. 음…… 그러려면 책을 많이 읽어야겠네요. 몸도 튼튼해야 하고."
"오, 맞아. 몸이 튼튼해야지. 그런데 어떻게 해야 몸이 튼튼해질까?"
"편식하지 않고 운동을 열심히 해요."
"그래. 소득을 높이려면 많이 배우고 몸도 튼튼하면서, 좋아하고 잘하는 일을 해야 해."

"난 열심히 축구 해서 축구선수가 될 거예요."
"멋지네. 우리 지호."

하브루타는 방송이나 영화를 가지고도 할 수 있다. 아들은 중학교에 들어갈 즈음부터 아침 일찍 방송되는 라디오 시사 프로그램을 듣고 그날의 이슈에 대해 엄마 아빠와 하브루타를 했다. 우리 집에서 아침밥상은 사회에서 일어나는 이런저런 일에 대해 생각을 나누고 토론을 하는 자리였다. 그래서인지 아들은 자연스럽게 정치에 관한 관심이 생겼고, 정치인이 되어 좋은 나라를 만들겠다는 꿈을 꾸었다. 변호사로 커리어를 시작하겠다는 구체적인 계획을 세우기도 했다. 지금은 꿈이 바뀌었지만 말이다.

아이와 편하게 이야기 나누고 싶어도 그게 뜻대로 안 된다고 호소하는 부모들이 많다. 오히려 감정만 상한 채 관계가 꼬이기도 한다. 이유가 뭘까? 다양한 이유가 있겠지만 무엇보다 아이의 생각과 감정을 존중하지 않는 데서 비롯한다. 아이를 동등한 인격체로 보기보다 자신도 모르게 얕잡아보거나 무시할 때가 많다. 게다가 많은 부모가 자녀의 단점을 찾아 고치기 바쁘다 보니 어른이라는 이유로 훈육을 앞세워 대화가 삼천포로 빠지기도 한다.

하브루타는 기본적으로 대화를 바탕으로 한다. 대화의 상대가 마음에 들지 않고 불편하다면 대화가 제대로 될 리 없다. 대화를 원활하게 하고 싶다면 아이의 감정과 생각을 존중하는 데서 출발해야 한다. 대화는 공감이 중요하다. 일단 상대의 눈높이에 맞춰 적절한 어휘와 주제를 선택한다. 듣는 사람은 말하는 사람이 자신을 배려하는지 금세 알아챈다고 한다. 상대가 말할 때는 경청한다. 열심히 들어주기만 해도 아이는 마음을 열고 좀 더 적극적으로 대화에 임하게 마련이다. 대화와 토론도 훈련이다. 하면 할수록 능숙해진다. 시간을 갖고 느긋하게 대화를 시작해 보자.

유대인들에게 하브루타는 하나의 문화다. 생활 곳곳에 스며 있으며, 어릴 때부터 유대인 가정에서는 밥상머리 대화를 강조해 왔다. 정부 차원에서도 밥상머리 대화와 교육을 실천할 수 있도록 독려한다. 온 가족이 함께 식사하면서 부모와 자녀, 부부 사이에 대화를 나누려고 한다.

『정의란 무엇인가』를 쓴 정치학자 마이클 샌델은 유대인이다. 그는 "두 아들이 5~7세 무렵부터 온 가족이 저녁 식사 테이블에 둘러앉아 대화를 나눴다. 일상생활을 주제로 함께 생각하고 토론했는데, 아이들이 커가면서 세상을 보는 눈을 키웠다"라고 말한다. 하버드에서 하는 그의 수업 또한 『탈무드』식 토론법과 유사하다. 정답이 없는 질문을 던져 토론을 부추긴다. 예를 들어 '전차의 딜레마'와 같이 고민이 필요한 질문을 던진다.

"당신은 시속 100킬로미터로 달리는 전차의 기관사입니다. 그런데 갑자기 브레이크가 고장 나 버렸습니다. 이대로는 철로 위에서 일하고 있는 인부 다섯 명을 덮치고 맙니다. 그런데 만약 당신이 전차의 선로를 변경하면 비상 철로 위에 있는 행인 한 명만 죽습니다. 당신은 선로를 변경하겠습니까?"

대화도 하면 할수록 는다. 아이에게 어떤 답을 바라지 않고 마음껏 생각과 감정을 표현할 수 있게 하고 그 생각을 존중하고 경청한다면 나날이 대화의 기술이 늘어갈 것이다. 일단 아주 일상적인 물음에서 시작해 보자.

똑똑한 부모들은 아이보다 한발 앞서서 가르치려 드는데 정말로 똑똑한 부모는 아이가 스스로 알아가도록 절대 앞서가지 않는다. 지혜로운 부모는 답을 가르쳐주는 게 아니라 질문을 한다.

주지 않는 것도 사랑이다
havruta

사랑할 때 우리는 모든 것을 준다.
하지만 주지 않아야 할 것들도 있다.
주지 않는 것이 더 큰 사랑이다.

막내가 초등학교 1학년 때였다. 어린이날을 앞두고 아이가 물었다.
"엄마, 나한테 무슨 선물을 줄 거예요?"
"왜 선물을 해야 해?"
"어린이날이니까요."
"그렇구나. 그런데 어린이날이 왜 있을까?"
"음…… 어린이를 잘 대해 주라고요."
"엄마도 그렇게 생각해. 그렇다고 꼭 선물해야 할까?"
"꼭 그런 건 아니에요."

나는 아이에게 동영상을 하나 보여 주었다. 아프리카의 가난한 나라 아이들이 채석장에서 돌을 옮기는 일을 하는 영상이었다. 아들은 아이들이 불쌍하다고 했다.
"네가 저 아이들을 도울 수 있단다."

"어떻게요?"

나는 후원금을 보내는 방법이 있다고 알려 주고 아들의 동의 아래 후원 신청을 했다.

한 달 후, 비쩍 마른 남자아이의 사진이 도착했다. 아들은 그 사진을 책상 앞에 붙여 두었다. 어느 날은 이렇게 말하기도 했다.

"엄마, 저 사진 치우면 안 될까요? 치킨 먹고 들어가면 너무 미안해요."

그렇게 아들은 고등학교 3학년 때까지 매달 후원을 했다. 용돈을 받으면 후원금부터 떼어 놓고 돈을 썼다. 이것이 굉장한 자부심으로 자리를 잡았다. 스스로 뿌듯해하는 것이 눈에 보였다. 남을 돕는 아이들은 '나는 참 괜찮은 사람이야' 하는 생각에 자존감이 높아진다. 또한 스펀지에 물이 스며들 듯 자연스럽게 인류애와 공동체 의식을 지니게 된다.

어릴 때부터 용돈을 벌고, 절약하고, 기부하면서 자립심이 길러진다. 수시로 돈을 주고, 필요한 물건은 알아서 다 사 주고, 자선을 베풀라고 가르치지 않으면 아이들은 스스로 서는 것이 아니라 타인에게 의지하게 된다.

유대인의 경제교육과 나눔교육

자녀들에게 필요한 것은 절제된 사랑이다. 뭐든지 해 주고 싶은 마음을 꾹 참아야 한다. 주지 않는 것이 더 큰 사랑이다. 주지 않는 게 주는 것보다 더 힘들기 때문이다. 많이 준다고 더 고마워하지도 않는다.

한 아빠가 있었다. 딸을 미국으로 유학 보냈는데 사업이 잘 안 됐다. 결국 집을 팔고 차를 팔아 학비를 대야 했다. 공부에 전념하지 못할까 봐 딸에게는 비밀에 부쳤다. 방학이 되어 귀국했을 때 딸은 의아했다. 아빠가 차를 가지고 데리러 오지 않은 것이다. 게다가 공항버스를 타고 도착한 집은 예전의 멋진 집이 아니었다.

아빠는 이 상황을 어떻게 설명해야 할지 고민했다. 딸이 자신을 안쓰럽게 여길까 봐 마음이 쓰였다. 자식이 부모를 걱정하는 일은 없기를 바랐다. 그런데 딸은 딱 한마디를 했다.

"아빠, 이 정도밖에 안 돼요?"

안타깝지만 실제로 있었던 일이다.

우리 자녀들에게 필요한 것은 풍요로움이 아니다. 뭐든 다 해 주고 싶은 게 부모 마음이지만 오히려 절약과 절제를 가르치는 것이 아이가 바르게 성장하는 데 약이 된다.

"유대인은 태어나지 않고 만들어진다"라는 말이 있다. 유대인은 고난의 역사를 거치면서 고향을 떠나 세계 각지에 흩어져 살면서 자신들의 고유한 문화를 지키기 위해 애썼다. 그 중심에 안식일에 하는 가족 모임이 있었다. 온 가족이 모여 함께 식사하며 대화를 나누며 말하는 법, 토론하는 법, 다른 사람의 말을 경청하는 법, 식사 예절 등을 자연스럽게 몸에 익힌다. 이러한 가정교육을 강조해서 나온 말이다.

유대인들의 가정교육에는 경제교육 또한 빠지지 않는다. 어릴 때부터 동전을 주며 저금통에 저축하는 습관을 들인다. 유대인은 자녀에게 이유 없이 돈을 주지 않는다. 어릴 때부터 자녀에게 집안일을 통해 경제교육을 한다. 예를 들어 잡초 뽑기, 아빠 구두 닦기, 설거지 등 노동의 강도에 따라 용돈을 차등하여 지급한다. 갖고 싶은 것이 있으면 용돈을 모아 사게 한다.

미국에 사는 어느 한국인이 이웃의 유대인 엄마와 아들을 보고 깜짝 놀랐다고 한다. 어린 아들이 갖고 싶은 장난감이 있어 용돈을 모았다. 마침내 돈이 모이자 아들은 엄마와 함께 장난감 가게에 갔다. 그런데 장난감 가격에 붙는 세금은 미처 생각하지 못한 것이다. 결국 돈이 모자라서 아이는 용돈을 더 모아야 했다. 한국 같으면 어땠을까. 실망하는 아이를 보고 마음 아파서 대신 계산해 주는 부모가 많을 것이다.

유대인의 경제교육은 철저하기로 유명하다. 경제교육 중 하나로 '쩨다카(나눔)'가 있다. 유대인 아이들은 돈이 생기면 용돈을 모으는 통과 '쩨다카'라고 부르는 기부금 통에 나눠 넣는다. 쩨다카에 돈이 모이면 자선을 실천한다. "613개의 계율을 지키기보다 한 번의 자선을 하라"라는 말이 있을 만큼 유대인은 자선을 중요시하고 아이들에게 가르친다.

넘침보다는 부족함이 낫다

하브루타로 키운 우리 집 세 아이는 절약이 몸에 배어 있다. 특히 첫째 딸과 막내아들은 살짝 화가 날 정도다. 딸들이 고등학생일 때였다. 지인을 만나기 위해 백화점에 갔는데 마침 할인 기간이었다. 유학 간 딸들이 방학을 맞아 한국에 왔는데, 운동화를 보니 너무 낡은 게 눈에 보였다. 서둘러 중저가 운동화 두 켤레를 샀다. 그런데 큰딸이 환불을 하겠다고 나섰다.

"엄마, 이렇게 비싼 신발은 필요 없어요. 시장에 가면 훨씬 싸고 예쁜 운동화를 살 수 있어요."

"무슨 말인지는 알겠는데 어차피 산 신발이니 이번만 신으면 안 될까?"

"그럼 엄마 운동화로 바꾸시면 안 될까요? 난 운동을 많이 해서 길들여진 운동화를 신는 게 좋거든요."

나는 안 된다고 했고, 결국 큰딸은 자신의 운동화를 환불 처리했다.

막내아들도 중고교 시절 내내 끈이 떨어질 때까지 가방을 메고 밑창이 해질 때까지 운동화를 신고 다니면서도 전혀 개의치 않았다.

"친구들이 안 놀리니?"

"놀리지는 않고, 한 친구가 불쌍하다는 눈으로 보긴 하더라고요."

아이들이 절약을 자연스럽게 익히게 된 데는 특히 남편의 영향이 컸다.

두 딸이 공부를 위해 미국으로 떠나던 날이었다. 공항 출국장 앞에서 남편이 딸들에게 무언가 이야기를 하는 듯했다. 그러자 갑자기 두 딸이 울음보를 터뜨렸다. 워낙 씩씩한 아이들이라 우는 일이 잘 없는데 갑자기 울먹이며 나를 끌어안았다.

"엄마, 열심히 공부할게요. 감사하고 사랑해요."

아이들은 비행기를 타러 안으로 사라졌고, 집으로 돌아오는 차 안에서 나는 남편에게 물었다.

"애들이 갑자기 왜 운 거예요? 당신이 뭐라고 했기에."

"별말 안 했어요. 그저 마음이 흔들리거나 나태해질 때마다 아빠의 운동화를 떠올리라고만 했지."

남편의 운동화는 맑은 날만 신을 수 있는 15년 된 신발이었다. 두 번씩이나 꿰매서 비 오는 날에는 신을 수 없는 운동화. 그날 날이 맑아서 남편은 어김없이 꿰맨 운동화를 신었다. 그리고 아이들에게 그 운동화를 보여 주었던 것이다.

10년이 넘는 세월이 흐른 지금까지도 딸들은 아빠의 꿰맨 운동화를 기억하고 있다. 아빠의 검소함은 아이들이 자립심을 키우는 데 큰 힘이 되었다.

남편뿐만 아니라 나 역시 절약이 체질화되어 우리 집에는 새 물건이 별로 없다. 둘째 딸이 어렸을 때 이런 말을 한 적이 있다.

"엄마, 수건이 얼굴을 닦는 게 아니라 긁는 것 같아요."

"그래? 엄마는 괜찮은데 잘 비벼서 써 봐."

우리 집은 최소 10년에서 15년 이상 된 수건을 썼다. 섬유유연제를 넉넉히 넣어 세탁해도 부드러워지지 않아 매일 거친 수건으로 얼굴을 닦았다. 그럴 때마다 정신이 퍼뜩 나면서 물질의 소중함을 느끼고 어려웠던 시절의 소박한 마음으로 돌아가는 것 같았다. 큰맘 먹고 새 수건을 사서 쓴 날 아이들이 얼마나 좋아했는지 모른다.

"수건이 부드럽고 포근해요. 엄마, 감사합니다."

수건 한 장에도 기뻐하고 감사할 수 있는 건 거친 수건을 써 온 세월이 있었기 때문이다. 조금 낡았다고 그때마다 수건을 새로 샀다면 아이들은 물건의 소중함을 모른 채 성장했을 것이다. 그래서인지 우리 집 아이들은 작은 것에도 고마워한다. 부모에게 감사하다는 말을 자주 한다.

요즘 아이들은 그 어느 때보다 풍요로운 환경에서 생활한다. 물건이 넘쳐나다 보니 귀한 줄도 잘 모른다. 이럴 때일수록 자녀에게 절제와 자제를 가르치는 것이 필요하다. 간절히 바라는 것을 스스로 노력해서 얻어야 성취감이 생기는 법이다. 그러면 자연히 다음 욕구가 생기고 동기를 불러일으킨다.

우리 집은 절약에서 비롯된 결핍이 아이들에게 큰 동기를 불러일으킨 것 같다. 부모가 얼마나 근검절약하는지 아는 아이들은 함부로 돈을 쓰지 않는다. 공부도 열심히 할 수밖에 없다.

결핍이 절실함을 부르고, 동기를 불러일으킨다. 결핍을 채우고 불편을 개선하려는 노력이 인생을 바꾸고 세상을 변화시킨다.

"물어본다고 잃을 건 없지"
havruta

잔소리하고 야단치기 전에 반드시 할 일이 있다.
왜 그랬는지 질문하면서 해명할 기회를 주는 것이다.
조언은 그다음에 해도 늦지 않다.

10여 년 전 어느 날이었다. 미국에서 고등학교 입학을 앞둔 큰딸에게서 전화가 왔다.

"엄마, 그 학교가 알고 보니 엄청난 데였어요. 세계적인 부호의 자녀들이 다니는 학교래요. 자가 비행기도 있고 세계 곳곳에 별장도 있는 부잣집 딸들이 다니는 학교요. 그런 아이들이랑 같이 학교에 다니면 주눅 들 것 같아요. 그래서 공부에 집중할 수 없을 거예요."

"그게 무슨 소리니?"

"나 그 학교 안 다닐래요."

첫째 딸은 중학교 과정을 마치고 나서 버지니아에 있는 유명 사립 고등학교에 지원해 합격한 터였다. 중학교와 고등학교 모두 합쳐서 학생이 300명밖에 안 되는 시골 학교에 다니다가 고등학교는 도심에 있는 명문으로 가 보자 해서 지원했는데 덜컥 합격한 것이다.

자연을 만끽하며 마음 편히 공부하라고 아이를 일부러 시골로 유학을 보냈다. 우리 부부가 학교를 선택하는 기준에 처음부터 진학률이나 명성 같은 건 포함돼 있지 않았다. 하지만 딸아이는 공부 욕심이 있어 유명 사립 고등학교를 택했고, 나와 남편은 전적으로 딸아이의 선택에 맡기고 관여하지 않았다. 딸아이가 들어갈 학교가 명문인지도 몰랐고 부잣집 딸들이 다니는 학교인지도 몰랐다. 딸과 함께 입학하는 신입생 가운데 동양 아이는 두세 명뿐이라고 했다. 미국 학교에 대해 잘 아는 사람들은 다들 기뻐하며 축하해 주었다.

그런데 갑자기 학교를 안 가겠다니 이해가 가지 않았다. 원하는 학교에 합격했다며 좋아하던 딸이었다. 부잣집 아이들 사이에서 주눅이 들어 공부가 안 될 거라는 이유도 설득력이 없었다. 그럴수록 더 열심히 공부한다면 모를까, 그건 딸아이의 스타일이 아니었다. 무엇보다 400만 원의 입학 등록금도 이미 낸 상태였다.

교장과 담판 지은 당찬 열여섯

계속 대화를 나누던 중에 딸아이의 진심이 드러났다.

"학비 청구서가 나왔는데 어마어마해요. 우리 집 형편으론 어려워요."

결국 돈 때문이었다. 부모로서 마음이 좋지 않았다.

"아무리 힘들어도 네 학비는 어떻게든 마련할 테니 걱정하지 말고 다니렴."

하지만 딸아이는 단호했다.

"엄마, 현실을 직시하세요."

"……."

"저만 공부하는 거 아니잖아요. 둘째도 내년엔 고등학교에 가야 하고, 막내도 나중에 공부하러 올 텐데 저만 공부시키실 거예요?"

첫째를 미국으로 보낼 때 연년생인 둘째도 함께 보낸 터였다. 막내는 아직 어려 먼 일로만 생각했는데 첫째는 막내의 학비까지 고려하고 있었다. 사실 딸아이 말이 옳았다. 우리는 세 아이를 외국에서 공부시킬 만한 형편이 결코 아니었다. 공무원인 남편과 작은 학원을 운영하는 내 수입으로는 벅찬 일이었다. 돈이 있어서 유학을 보낸 게 아니라 아이들이 입시 경쟁에 시달리지 않고 공부하며 넓은 시야를 갖길 바라서였다.

"그냥 이 학교에 남을래요. 나를 인재로 생각하는 이곳에요."

교장 선생님은 사립 고등학교 입학이 결정된 이후에도 딸아이에게 지금 학교에 계속 남기를 권유했다. 동생도 같이 학교를 다니고 있으니 유니스 킴(큰딸의 영어 이름)을 우리 고등학교에 진학하게 해 달라는 이메일이 나에게도 일주일에 한 통씩 왔다.

"대학까지 생각한다면 버지니아 사립학교가 낫지 않겠니?"

"제가 열심히 하면 어떤 대학도 갈 수 있어요. 그러니 걱정 마세요. 그리고 여기에 남는 대신 장학금을 달라고 할 거예요."

딸아이의 의지는 확고했다. 가슴이 짠했지만 내색하지 않고 파이팅을 외치며 전화를 끊었다.

　다음 날 딸아이는 용기를 내어 교장실을 찾아갔다. 학생이 교장실에 가는 경우는 주로 문제를 일으켰을 때라 딸아이로서는 첫 방문이었다. 동양에서 온 작고 마른 열여섯 살짜리 여학생과 키도 몸집도 큰 나이 지긋한 교장 선생님이 테이블에 마주 앉았다. 심호흡한 다음 딸아이가 입을 열었다.

　"이곳에서 보낸 지난 일 년은 저에게 정말로 행복한 시간이었습니다. 더 큰 곳에 가고 싶어 다른 학교를 지원했지만 저는 이곳을 사랑합니다. 제가 오늘 말씀드리고 싶은 것은 두 가지입니다. 교장 선생님 말씀대로 이 학교에 남겠습니다. 대신 고등학교 졸업할 때까지 장학금을 주십시오. 기숙사비는 당연히 부담하겠습니다. 가정형편이 넉넉하다면 이런 제안은 드리지 않았을 겁니다. 저는 이곳을 사랑하기 때문에 좋은 대학교에 들어가서 이 작은 학교의 이름을 빛내겠습니다."

　귀 기울여 듣던 교장 선생님이 입을 열었다.

　"유니스, 용기 내서 물어보러 와 줘서 정말 고맙구나. 한번 고민해 볼게. 내게 생각할 시간을 주렴."

　바로 거절할 줄 알았던 교장 선생님이 고민해 보겠다고 하니 딸은 가슴이 뛰었다. 2주일쯤 후 기다리던 답이 나왔다. 매년 일정한 성적을 유지한다는 조건 아래 고등학교 4년 장학금을 받을 수 있게 되었다. 우리 돈으로 1억 원에 가까운 큰돈이었다.

　큰딸이 그때 일을 좀 더 자세히 들려준 적이 있다. 딸은 교장 선생님을 만나러 가기 전 평소 정신적으로 많이 의지하던 어드바이저(상담 선생님)를 찾아가 상담을 했다. 도시 쪽으로 고등학교를 진학하고 싶은데 학비가 너무 비싸서 이곳에 남아 좋은 대학을 갈 테니 장학금을 달라고 교장 선생님께 부탁하려고 하는데 어떻게 생각하느냐고 물었다. 딸의 고민을 듣고 어드바이저는 미소를 가득 머금은 채 이렇게 말했다고 한다.

"물어본다고 잃을 건 없지. 한번 도전해 보렴."

그 말을 듣고 딸은 용기를 냈단다. '물어봐서 잃을 건 없지'라는 어드바이저의 말은 딸의 가슴에 팍 꽂혔고, 이 말은 질문에 대한 두려움을 없애 주었다.

질문은 아이를 성장시킨다

결혼 전부터 유대인의 교육 방식에 깊은 인상을 받아 자녀가 생기면 그렇게 키우고 싶었다. 그래서 아이들이 어릴 때부터 끊임없이 대화하고 토론하며 어떤 생각이라도 말할 수 있게 했다. 어리다고 일방적으로 가르치려 들거나 강요하지 않았고, 의견 충돌이 생기면 동등한 입장에서 협상했다.

예를 들어 어떤 문제가 생겼을 때 야단을 치거나 해결책을 가르쳐 주기보다 다음과 같은 질문을 던졌다.

"친구랑 잘 지내려면 어떤 방법들이 있을까?"

"왜 그런 행동을 했니?"
"그렇게 할 수밖에 없었던 이유는 뭐니?"
"그런 행동이 네 인생에 어떤 영향을 줄 거라고 생각하니?"
"해결 방법이 그것밖에 없었니?"
"많이 생각하고 결정한 거니?"
"다른 지혜로운 방법은 없었을까?"
"네 삶의 주인은 누구니?"
"엄마의 생각에 대해서 너는 어떻게 생각하니?"
"너의 미래 계획에 대해 한번 얘기해 줄 수 있겠니?"
"네 마음은 충분히 이해하겠는데, 좀 더 부드럽게 표현하기가 힘들었니?"

 잔소리하고 질책하기 전에 차분하게 질문하면서 아이에게 충분히 설명할 기회를 주면, 아이는 자신이 존중받고 있다고 느끼고 스스로 답을 찾아낸다. 또한 옳고 그름을 판단하지 않고 경청해 주면 자신의 감정과 생각을 표현하는 데 주저함이 없어진다.
 유대인 부모나 교사가 가장 많이 하는 말이 두 가지 있다. 하나가 "네 생각은 어때?"이고 또 한 가지가 "왜 그렇게 생각하니?"다. 이런 질문은 자연스럽게 생각하게 만든다. 생각은 말이 되고, 말은 행동으로 바뀐다. 이러한 생각과 말, 행동이 쌓여 습관이 된다.
 질문을 하다 보면 말이 많아질 수밖에 없다. 말이 많은 집안 분위기는 말을 잘하는 아이로 키우는 데 도움이 된다. 우리 집 식탁에서는 늘

말의 잔치가 벌어지는데 순서를 정해야 할 정도로 다들 할 말이 넘친다. 이때 엄마나 아빠는 토크쇼 진행자가 되어야 한다. 좋은 질문을 던지면서 가족이 골고루 대화에 참여하도록 하는 것이다.

한국의 교육은 일방적으로 듣는 방식으로 이루어지는 경우가 많다. 묻고 답하는 토크쇼 같은 교육 방식은 거의 접할 기회가 없다. 이러한 토크쇼가 매일 진행된다면 아이들은 어떤 질문에도 자기 생각을 자유로이 표현할 수 있게 된다. 또한 세상의 복잡하고 많은 개념을 파악하며 다양한 관점을 이해해 사고력을 확장할 수 있다.

말 많은 집에서 자란 내 아이들은 말하기를 좋아한다. 첫째와 둘째 딸이 대학생일 때 기업 인턴사원을 지원한 적이 있다. 주제를 주면 프레젠테이션용 문서 세 장으로 요약해서 한 시간 동안 설명하는 것이 선발시험이었다. 말하는 걸 무척 좋아하는 두 딸은 엄청난 경쟁률을 뚫고 무난히 합격해서 열심히 인턴 생활을 마쳤다.

요즘 시대에는 아무리 실력이 좋아도 표현하는 힘이 약하면 그 실력을 발휘할 기회조차 얻지 못한다. 십수 년간 열심히 길러온 실력을 발휘할 수조차 없다면 너무 안타까운 일 아닌가.

매일 저녁 식탁을 토크쇼 자리로 만들어 말의 잔치를 벌여 보자. 아무 말 대잔치라도 상관없다. 농담 따먹기라도 괜찮다.

일단 하고 싶은 말을 충분히 할 수 있게 질문을 던지자.

"네 생각은 어때?"

화초처럼 키운 아이는
온실을 벗어나지 못한다
―――― *havruta* ――――

서툴러도 괜찮다.
실수해도 상관없다.
혼자 하게 하라.
세상의 모든 아이에게는 스스로 일어설 힘이 있다.

큰딸이 중학교 2학년, 작은딸이 중학교 1학년 때 이민가방 하나 들려서 미 동부의 시골 학교로 유학을 보냈다. 저희들끼리만 떠나는 두 번째 외국행이었다. 첫 번째는 큰딸이 초등학교 5학년, 작은딸이 4학년 때 다녀온 영국의 영어캠프였다. 열두 살, 열한 살짜리들이 낯선 곳에서 과연 잘 적응할지 걱정했지만 그건 기우였다.

한국으로 돌아오는 날 공항으로 마중 나갔을 때 작은딸의 첫마디는 "엄마, 캠프 언제 또 보내 줄 거예요?"였다. 석 달 만에 보는 엄마에게 하는 첫마디치고는 섭섭한 말이었지만 그만큼 즐겁게 지내다 왔다는 뜻이어서 안심했다.

마땅히 갈 곳도 할 것도 없는 시골 마을에서 따분할 법도 하련만 두 딸은 미국에서도 지루할 틈 없이 재미있게 학교생활을 했다. 물론 처음에는 적응할 시간이 필요했다. 특히 큰딸은 매일 전화통을 붙들고 하소연을 했다.

"엄마, 영어 선생님이 나한테만 책 읽기를 시켜요."

딸아이의 생각에는 원어민과 다른 자신의 발음을 웃음거리로 만들기 위해서라는 것이었다.

"왜 그렇게 생각하니?"

"선생님이 나를 좋아하지 않는 것 같아요."

"엄마 생각은 다른데. 멀리서 공부하러 온 네가 기특해서 다른 학생들보다 더 기회를 주시는 게 아닐까?"

"아니에요."

나는 그 선생님이 딸아이를 미워해서가 아니라 예뻐해서이기를 바랐다. 그리고 마음속으로 선생님께 메시지를 보냈다. 그것이 내가 할 수 있는 유일한 일이었다.

'선생님, 우리 딸 말처럼 미워해서가 아니지요? 선생님을 믿습니다. 아이를 사랑하는 마음에서 그러신다는 걸요.'

신기하게도 얼마 지나지 않아 딸아이는 영어 선생님에 대한 불만을 토로하지 않았다. 그동안 잘못 생각했다고, 선생님이 자신을 예뻐하고 자신도 선생님이 좋다고 하는 게 아닌가. 적응 단계의 한고비를 넘긴 것 같아 다행이었다.

첫 시험인 미국 역사 과목에서 일등을 하는 등 큰딸은 학업에 잘 적응하기 시작했다. 운동에도 열성적이었다. 큰딸과 작은딸 모두 축구와 배구를 했고, 고등학교 때는 학교 대표선수로도 뛰었다. 덕분에 큰딸은 유학을 떠나기 전 갑자기 찐 살을 건강하게 뺄 수 있었다.

두 딸은 3시 30분에 학교가 끝나면 4시부터 6시 30분까지 스포츠 활동을 했다. 매일 두 시간 반씩 운동을 하면 녹초가 되지만 머리까지 개운해져 오히려 공부가 더 잘된다고 했다. 기숙사 밥도 너무나 잘 먹었다. 추어탕과 된장국을 좋아하는 토종 입맛이지만 한국 음식 구할 데도 없고 매일 운동을 하니 뭐든 맛있을 수밖에.

하얀 태권도복에 검은 띠를 매고 돌려차기로 송판을 깨는 시범을 선보인 후 학교에서 스타가 되었다고도 했다. 세 남매가 모두 초등학교 6학년 때까지 태권도를 했는데 많은 도움이 되었다. 비가 오나 눈이 오나 귀찮아도 매일 태권도장에 가는 생활을 6년 동안 하면서 아이들은 끈기를 몸에 익힐 수 있었다. 4학년 때부터 3년 동안 했던 스카우트 활동도 자립심을 키우는 데 큰 역할을 했다. 아이들끼리 텐트를 치고 밥을 지어 먹는 3박 4일의 야영은 매유 유용한 경험이었다.

연약한 화초가 아니라 강인한 잡초처럼 자라기를 바랐다. 그런 마음으로 무엇이든 직접 경험하게 했더니 아이들은 낯선 곳에서도 잘 적응했다. 처음엔 볼품없는 잡초였지만 나중엔 예쁜 꽃도 피웠다.

부모라면 유대인처럼

두 아이가 즐겁게 지내는 모습을 보고 큰딸의 친구도 같은 학교로 유학을 떠났다. 그런데 적응이 쉽지 않았다. 일단 음식이 입에 맞지 않아 힘들어했고 방 청소나 빨래를 해 본 적이 없어 스스로 할 줄을 몰랐다. 방에는 쓰레기가 쌓여 가고 음식이 있어도 배를 곯았다.

보다 못한 엄마가 즉석 밥이며 김치 등 한국 음식을 싸 들고 한 달에 한 번씩 미국으로 날아갔다. 한국과 미국을 오가며 아이 방을 치워 주고 빨래해 주고 음식을 해 먹였다. 그러나 그런 보람도 없이 아이는 1년 만에 유학생활을 포기했다. 돌아와서는 다시 한국의 학교생활에 적응해야 했는데, 그 역시 쉽지 않았다.

그 엄마처럼 미국까지 가지는 못할지언정 음식이라도 보내야 하는 것 아닌가 하고 마음이 흔들리곤 했다. 하지만 그럴 때마다 마음을 다잡았다. 세상 어디에 있든 그곳에 적응하며 살게 하려면 그래서는 안 될 것 같았다(친구들이 좋아한다며 보내 달라고 해서 새콤달콤한 캐러멜을 소포로 부쳐 주기는 했다).

큰딸이 태어날 무렵에는 '글로벌 인재'라는 말도 없을 때였지만, 남편과 나는 딸아이가 우리처럼 언어의 장벽에 갇히지 않고 세상을 종횡무진 누비며 살기를 바랐다. 한국인으로서 정체성이 확립된 중학교 1, 2학년 즈음이면 외국으로 떠나보내도 좋을 것 같았다.

큰딸이 생후 6개월 때부터 우리 부부의 머릿속에는 자녀교육 계획이 잡혀 있었다. 어려서부터 영어를 놀이처럼 자연스럽게 익히게 한 것도, 꾸준히 시킬 운동으로 태권도를 택한 것도 계획의 일부분이었다.

또 일하느라 아이들을 일일이 쫓아다니며 돌볼 여건도 안 됐지만, 자기가 할 일은 스스로 하게 했다. 책가방을 싸 준다거나 방을 치워 준다거나 학교에 늦었다고 데려다준다거나 하지 않았다. 설거지나 빨래

같은 집안일도 자주 시켰다.

집안일은 아이들에게 자립심을 키워 주는 좋은 기회다. 서랍에 양말 넣기나 빨래 개기 같은 일은 서너 살만 돼도 할 수 있다. "엄마, 물!" 하면 물까지 떠다 주는 부모는 아이를 위하는 게 아니라 망치고 있음을 알아야 한다.

『탈무드』에는 이런 격언이 있다.

"온실에서 자란 장미는 아무리 아름다워도 정원을 가꾸는 데 쓸모가 없다. 거실의 화병을 장식할 뿐이다."

유대인 부모도 우리 못지않게 자녀교육에 열과 성을 다하지만 조금 다른 점이 있다. 그들은 아이들에게 세상이 얼마나 위험한 곳인지 있는 그대로 알려 주어 그곳에서 어떻게 살아가야 할지를 스스로 고민하게 한다. 무엇이든 스스로 직접 경험하게 한다. 나이 들어서도 부모에게 기대는 자녀가 많아지는 오늘날, 아이를 어떻게 키워야 할지 한 번쯤 고민해 봐야 하지 않을까.

다음의 이야기로 '스스로 하기'에 대해 아이와 하브루타 시간을 가져 보자.

옛날에 혼자서는 아무것도 못 하는 남편이 살았다. 어느 날 아내가 멀리 있는 친정에 갈 일이 생겼다. 아내는 남편이 밥을 해 먹지 못할 것을 알고 떡을 실에 꿰어 목에 걸어 주고 집을 나섰다. 그런데 며칠 후 아내가 돌아와 보니 남편은 목에 걸어 준 떡도 스스로 먹지 못해 쫄쫄 굶고 있었다.

이 이야기를 가지고 여러 가지 질문을 할 수 있다. 이 남편은 왜 이렇게 되었는지, 어렸을 때는 어땠을지, 스스로 하는 습관을 들이지 못하면 나중에 어떤 일이 벌어질지……. 아이에게 "이게 돼지우리야, 사람 방이야? 방 치우라고 했지? 엄마 말 안 들을래?" 하고 잔소리를 하기보다 더 효과적이다. 아이가 스스로 생각하여 깨우치게 할 수 있기 때문이다.

2장

질문하고 토론하는
하브루타의 기적

세상이 두렵기보다 만만해진다
havruta

결과가 중요한 이에게 실패는 공포다.
실패가 무서우면 아무것도 할 수 없다.
호기심을 갖고 모험에 나서고
실패할지 몰라도 도전할 때
성공은 선물처럼 우리를 찾아온다.

유대인들은 모여서 공부하기를 즐긴다. 질문하고 토론하기를 즐기는 분위기여서 어디서나 시끄럽게 이야기하는 모습을 볼 수 있다. 특히 눈에 띄는 곳이 도서관이다. 이스라엘의 도서관인 예시바는 우리가 익히 아는 도서관의 상식을 넘어선다. 책장 넘기는 소리마저 들릴 만큼 조용한 우리네 도서관과 달리 예시바에서는 둘씩 짝을 지어 한 주제를 놓고 서로의 생각을 물어가며 토론하는 모습을 쉽게 찾아볼 수 있다. 책상과 의자 구조 또한 이런 분위기에 맞게 서로 마주 보고 앉을 수 있게 배치되어 있다.

예시바에서 『탈무드』를 가지고 둘씩 짝을 지어 하브루타를 할 때 혼자 있거나 셋이 하고 있으면 스스럼없이 다가가 처음 본 사람과도 바로 논쟁을 하기도 한다. 여기서 유대인 특유의 도전정신을 일컫는 '후츠파Chutspah 정신'이 생겨났다. 이스라엘의 성공이 바로 대담하게 도전하고 실패에 연연하지 않는 후츠파 정신의 결과라고 할 수 있다. 현재 세계 최고의 창업국가가 된 원동력도 여기에 있다.

문이 열릴 때까지

어릴 때부터 하브루타를 한 결과인지 세 아이 모두 도전정신만큼은 남부럽지 않다. 큰딸이 대학생일 때 일이다. 조기졸업을 하려다 보니 3~4학년 때 공부할 과목 가운데 듣고 싶은 강의를 못 듣게 되었다. 2학년이라서 들을 자격이 안 되었다. 하지만 딸은 그 과목을 꼭 공부하고 싶었고, 결국 교수를 찾아가 통사정했다.

"저는 조기졸업을 해야 하기에 다음 학기만 공부하면 학교를 떠납니다. 그래서 교수님 강의를 들을 수가 없습니다. 하지만 꼭 듣고 싶어서 이렇게 찾아왔습니다. 다음 학기에 교수님 강의를 듣도록 허락해 주십시오."

"지금 2학년이잖나?"

"네, 그렇습니다."

"불가능해. 4학년과 대학원생이 듣는 과목일세."

딸의 간절한 부탁에도 교수는 안 된다고 잘라 말했다. 하지만 딸은 포기하지 않았다. 다시 교수를 찾아가 자신이 그 수업을 왜 들어야 하는지, 얼마나 듣고 싶은지를 조목조목 이야기했다. 딸이 세 번째 찾아간 날, 결국 교수는 오케이를 했다.

"자네처럼 열정을 가진 학생이라면 이 수업을 들을 자격이 있네."

권위 있는 교수가 안 된다고 하면 일개 학생 입장에서는 포기하기 십상이다. 하지만 큰딸은 중학생 때 교장 선생님을 설득하는 데 성공한 경험이 있었다.

딸은 초등학교 3학년 때도 비슷한 경험이 있었다. 딸이 다니는 학교 근처에 육교가 하나 있었다. 그런데 항상 지저분했다. 계단에는 토사물이며 깨진 병 조각, 담배꽁초들이 며칠씩 그대로 방치되어 있곤 했다. 이사 온 지 1년이 넘도록 깨끗한 육교를 본 적이 없었다.

딸아이는 그 모습을 예사로 보아 넘기지 않았다. 학교 주변이 깨끗해졌으면 좋겠다면서 며칠 고민을 하는 눈치였다. 그러더니 서울시장에게 편지를 쓰겠다고 했다. 반신반의하면서도 나는 딸아이를 부추겼다.

"참 좋은 생각이구나. 그래, 시장님께 편지를 써 보렴. 우리 딸 덕분에 학교 앞이 깨끗해질지도 모르겠네."

딸은 정말로 행동에 옮겼다. '이명박 시장님께'로 시작되는 편지를 써서 서울시청으로 보냈다. 그리고 얼마 안 되어 놀랍게도 답장이 왔다. 구청에 연락해 청소를 깨끗이 하도록 하겠다는 내용이었다. 믿어지지 않는지 큰딸은 답장을 읽고 또 읽었다.

그 뒤로 육교는 어느 때보다 깨끗해졌고, 딸아이는 학교를 오가며 육교를 볼 때마다 자신을 자랑스럽게 여겼다.

아이들에게 항상 말한다. 두드려라. 두드려야 문 안에 있는 사람이 네가 거기 있다는 것을 알 수 있다. 두드리지 않으면 모른다. 문은 저절로 열리지 않는다. 아무리 좋은 생각과 열정을 가지고 있어도 생각만 가지고는 세상을 살아갈 수 없다. 누군가의 도움이 필요하다면, 원하는 것이 있다면, 상황이 어렵다면 두드려라. 해 보지도 않고 안 될 거라고 지레 포기하지 마라.

아이들이 어릴 때부터 새로운 일에 도전할 수 있도록 격려해야 한다. 위험하거나 폐 끼치는 일이 아닌 한 이것저것 시도해 볼 수 있게 해야 한다. 주방 도구들을 죄다 꺼내 소쿠리를 뒤집어쓰고 놀든 양말을 짝짝이로 신고 유치원에 가든 말이다. 도전해 본 아이는 주저하거나 두려워하지 않는다. 도전해서 성공의 경험이 쌓이면 세상이 두렵지 않다. 두려워서 조용히 움츠리기보다 만만히 보고 앞으로 나서는 아이가 훨씬 건강하다.

중요한 것은 결과가 아니다

하루는 막내아들이 오디션을 보겠노라 했다. 스코틀랜드 왕립예술원이 유학생을 뽑기 위해 한국에서 여는 오디션이라는 것이다. 클래식 음악부터 뮤지컬, 연극과 영화 등 다양한 분야에서 인재를 배출한 학교라고 했다.

"그 학교로 유학 갈 생각이니?"

"아뇨, 제 실력이 어떤지 객관적으로 평가받고 싶어서요."

"네 생각이 그렇다면 열심히 준비해 보렴. 아들, 응원한다."

아들은 밤낮으로 노래 연습을 했다. 시간이 이틀밖에 없어 연습량이 부족했지만 그래도 오디션을 보고 왔다. 결과는 불합격. 하지만 짧은 시간에 그 정도면 곡 소화를 잘했다는 평가를 받았다고 했다.

"늘 도전하는 우리 아들 멋지다. 시간이 촉박하니 포기할 수도 있었을 텐데 결국 해냈네. 수고했어."

중요한 것은 결과가 아니다. 시도하고, 도전하고, 노력했다는 사실이 중요하다. 우리 부부는 늘 결과가 아니라 도전을 칭찬했다. 그래서인지 아이들은 실패하고도 실패했다고 생각하지 않는다.

큰딸은 대학 생활 동안 원하는 일을 얻기 위해 수백 통에 달하는 메시지와 이메일을 보냈다고 한다. 낯선 이에게 이메일이나 전화를 해 부탁하는 것을 '콜드 이메일, 콜드 콜Cold email, cold call'이라고 부른다. 이메일을 보내는 대상은 가고 싶은 회사나 부서에 있는 전혀 모르는 낯선 사람들이다. 이메일 내용은 직장에서의 삶이 어떤지, 무슨 일을 하는지를 묻고 이력서 검토나 인사과에 이력서를 포워드해 달라고 부탁하는 것이 대부분이다.

딸아이가 보낸 수백 통의 메일 중 90%는 답이 없었고, 5%에게는 곧장 반갑게 답변이 왔고, 나머지 5%에게는 뒤늦게 답변이 왔다. 답이 오지 않을 때마다 이메일 박스를 새로고침 하며 좌절할 때도 많았지만 답을 주는 소수가 있어 용기를 내어 다시 한번 다음 콜드 이메일을 보냈다.

한번은 한 글로벌 자산운용사에서 2명의 신입사원 채용 공고가 떴다. 1차 서류심사에 자신의 이력서가 검토될 수 있도록 큰딸은 그 회사의 20여 명에게 자신을 소개한 뒤 이력서를 보내 추천을 부탁하는 메일을 보냈다.

"안녕하세요? 저는 귀사에 지원하고자 하는 유니스 킴입니다. 제 이력서를 보고 괜찮은 사람이라고 생각하면 회사에 저를 추천해 주시기 바랍니다."

메시지를 보낸 20명 가운데 10명에게서 그러겠노라는 답장이 왔다. 그들은 자기 회사에 우리 딸을 추천했다. 인사담당자는 이메일을 받고 깜짝 놀랐다고 한다. 10명이 거의 동시에 같은 사람을 추천했으니 말이다. 대체 유니스 킴이 누구인지 궁금해했다.

두세 차례의 전화 인터뷰에 합격해 마지막 테스트까지 보았지만, 최종 선발되지는 못했다. 하지만 이 일을 자랑스럽게 생각한다. 실패했다고 생각하지도 않는다. 오히려 마지막까지 남은 2명 중 1명이었다는 걸 성공으로 여긴다. 결과가 아니라 도전에 대한 칭찬을 받고 자랐기 때문일 것이다. 오늘도 세 아이는 열심히 도전하며 신나게 삶을 즐기고 있다.

우리 집은 실리콘밸리

"엄마, 나는 사업을 할 거예요."

큰딸은 창업해서 아시아 최고의 기업을 만드는 게 꿈이라고 했다. 나는 정말 멋진 생각이라고 말해 주고 한마디 덧붙였다.

"실패는 빨리하렴."

큰딸은 영문을 모르겠다는 얼굴로 날 쳐다보았다. 언젠가 자신이 수녀가 된다면 어떻겠냐고 물었을 때 "좋지. 네가 행복하면 돼"라고 대답했을 때 딸이 짓던 표정이 떠올랐다. 예상과는 다른 대답에 딸은 의아해했지만 이내 무슨 뜻인지 알겠다는 듯 미소를 지었다.

"알았어요. 실패할 거면 빨리하고 다시 일어날게요."

자녀가 사업을 하겠다고 하면 대다수 부모는 걱정부터 한다. 성공보다는 실패를 예상하며 최악의 시나리오를 쓴다. 하지만 실패해도 괜찮다. 그리고 실패는 빠를수록 좋다. 빨리하는 실패는 타격이 작기 때문이다. 누구나 자잘한 실패를 겪으면서 성공하는 법을 배워 나간다. 실패 한 번 안 하고 이룬 성공이 과연 탄탄할까.

아이의 실패를 두려워하지 않아야 한다. 아이는 괜찮은데 부모가 지레 겁을 먹고 실패하도록 내버려 두지 않는다. 그 폐해 중 하나는, 아이가 도전하지 않는다는 것이다. 위험해 보이더라도 시도 자체를 막으면 안 된다. 가령 아이가 바퀴 달린 신발을 신고 싶어 한다고 치자. 부모는 그 신발을 신고 다니다가 다친 아이들 이야기를 하면서 큰일 난다고 겁을 준다.

그렇다면 어떻게 해야 할까? 몇 가지 안전규칙을 정해 아이와 협상해야 한다. 무조건 막을 것이 아니라 위험을 통제하되 자유롭게 시도하게 해야 한다.

돌이켜보면 우리 집 아이들은 부모에 의해 자신의 의욕을 꺾은 적이 없는 것 같다. 하지 말라는 말보다 해 보라는 말을 많이 했고, 하겠다고 했을 때 막아 본 적이 없다. 하기 싫다는 걸 강요하지도 않았다 (회유는 했다).

아이들에게는 토론과 협상을 통해 자신의 요구를 관철하는 경험이 필요하다. 그렇게 끝까지 밀고 나가는 힘을 길러 주는 것이 맞다. "네가 사업을 한다고? 네가 가수를 한다고? 그게 될 것 같아?" 이렇게 의욕을 꺾어 버려서는 안 된다.

어릴 때 대통령을 꿈꾸던 막내가 가수가 되겠다고 했을 때 그 꿈을 응원했듯 우리 가족은 큰아이의 꿈을 응원한다. 특히 아빠가 적극적이다. 두 부녀는 만나기만 하면 사업 구상을 한다. 딸은 아빠가 늘 새로운 이슈를 제시해 영감을 준다며 좋아하고, 아빠는 딸과 끝도 없이 이어지는 생산적인 대화를 즐거워한다. 그래서 우리 집엔 사업 아이디어가 넘쳐난다.

"아빠, 내 생각이 어때요?"

"오, 좋다! 사업성이 있어."

집에서뿐만 아니라 큰딸은 직장에서도 또래들끼리 모여 새로운 사업에 관한 얘기를 많이 한다. 홍콩에서 일할 때는 일종의 청년 창업대회에 참가하기도 했다. 금요일 밤부터 일요일까지, 문화적 배경도 국적도 다양한 300명이 모여서 조를 짜 아이디어를 내고 사업계획서를 만들어 심사위원들 앞에서 발표했는데, 큰딸의 팀이 1등을 했다.

다양한 사람들이 모인 만큼 의견 일치가 안 돼 다툼도 있었고 다툼을 풀어가는 과정도 만만치 않았지만, 사람들과 협력하는 방법을 배운 것이 가장 좋았다고 한다. 그것이 무에서 유를 창조하는 기쁨보다 소중했다고.

협력의 미덕이 점차 중요시되고 있다. 가정에서는 하브루타로 협력을 가르칠 수도 있다. 가족이 모여서 대화를 나누는 것 자체가 협력이다. 대화는 협력의 시작이기 때문이다. 새로운 아이디어를 나눠 보는 것도 좋다.

"이런 재미있는 발명품이 나왔대. 너는 어떻게 생각해?"

"인공지능이 소설을 썼다는구나. 앞으로는 인공지능이 축구도 할 수 있을까?"

"연필이 자꾸 부러져서 불편하다고? 그럼 어떻게 하면 안 부러지게 만들 수 있을까?"

모든 아이 안에는 기업가 정신이 살아 있다. 하브루타로 아이들 안의 기업가를 불러내자. 창업을 꿈꾸는 아이가 있다면 응원해 주자. 대기업에 들어가고 공무원이 되고 의사가 되는 것만이 성공한 인생은 아니다.

미래 인재가 되는 지름길
―― *havruta* ――

천재 한 명이 모두를 먹여 살리는 시대는 지났다.
이제는 소통하고 협력해서 성과를 이뤄내는 팀의 시대다.
모든 것이 뛰어나고 혼자만 잘난 천재가 아니라
작은 재능이라도 공동체에 기여하는 인재가 필요하다.

큰딸은 어려서부터 경쟁보다 협력하기를 좋아했고, 자신이 몸담은 곳이 조화로움 속에서 발전하기를 바랐다. 집에서도 마찬가지여서 갈등이 일어날 기미가 보이면 앞장서서 중재하곤 했다.

한번은 아들이 호되게 꾸중을 들어야 할 일을 저지른 적이 있다. 분위기가 심상치 않자 큰딸이 나섰다.

"엄마, 제가 데리고 가서 잘 얘기할게요. 언성 높이지 마세요."

아파트 놀이터로 나간 지 한 시간쯤 지났을 때 누나와 함께 돌아온 아들이 말했다.

"제가 잘못했어요. 엄마, 죄송합니다."

진심으로 뉘우치는 모습에 내 마음도 풀렸고 우리 집은 다시 평화를 찾았다. 나중에 들어 보니 큰딸은 막내의 이야기를 충분히 들어주면서 공감해 줬을 뿐이란다. 공감해 줌으로써 아들은 자신이 어떻게 해야 할지 스스로 판단할 수 있었을 것이다.

경쟁보다 협력, 갈등보다 조화

2015 개정교육과정에서 미래 사회가 요구하는 인재상의 핵심역량으로 4가지를 꼽았다. 비판적 사고력Critical thinking, 창의력Creativity, 협업 능력Collaboration, 소통 능력Communication이다. 일명 '4C'라고 부르는데, 4차 산업혁명 시대를 맞아 더욱 강조되고 있다.

최근 하브루타가 주목받고 있는 이유도 여기에 있다. 소통은 대화로 이뤄지는데 하브루타 또한 대화가 바탕이기 때문이다. 서로를 알기 위해 질문하고 대화하고 역지사지易地思之하면서 소통 능력이 향상된다.

큰딸은 집이든 학교든 직장이든, 그곳을 더 나은 곳으로 만들고 싶어 한다. 미국에서 고등학교에 다닐 때는 교내 오케스트라를 만들기도 했다. 악기를 잘 다루는 친구들이 많은데 그 아이들이 모여 아름다운 음악을 연주하면 학교가 보다 즐거운 곳이 될 수 있으리라고 생각해서 첼로, 바이올린, 플루트를 하는 친구들을 모았다. 큰딸은 피아노, 작은딸은 지휘를 맡아 모두 5명이었다. 1년 뒤엔 10명이 되었고, 졸업하고 6년 뒤 학교를 방문했을 때는 50명으로 늘어나 있더라며 뿌듯해했다.

외국의 대학교에 들어가서는 아카펠라 동아리를 만들었다. 다른 나라 학생들은 다 아카펠라 그룹이 있는데 한국 학생들만 없었다. 그래서 선배들을 수소문해 찾아갔다.

"아카펠라 그룹을 만들려고 하는데요. 1학년은 제가 사람을 모을 테니 2, 3학년은 선배가 모아 주세요."

그렇게 해서 교내에 한인 아카펠라 그룹이 처음 만들어졌고, 지금까지 활발하게 활동하고 있다고 한다.

큰딸은 어떤 곳에 가든 자신이 뭔가 기여할 일이 없을까 고민한다. 한번은 한국의 스타트업에서 일할 때였다. 막 시작하는 곳에서 조직을 키우는 데 일조하고 싶어 들어갔는데 심각한 문제가 보였다. 이직률이 높고 부서 간에 소통이 안 됐다. 이 문제를 어떻게 하면 좋을까 고민하다가 큰딸은 회장에게 한 가지 제안을 했다. 신입 직원이 들어오면 소개를 하고, 부서별로 실적이나 잘한 일을 공유하는 자리를 만들자고. 회장은 선뜻 딸의 제안을 받아들였다. 미팅이 끝나면 치킨에 맥주도 마셨다.

어느 순간부터 조직 문화가 발전하는 게 보였다. 전에는 따로따로 놀던 퍼즐들이 하나씩 맞춰지기 시작했다. 그리고 사람들은 그날을 '유니스 데이'라고 불렀다. 딸의 영어 이름, 유니스에서 따온 것이다.

딸이 그 회사를 떠날 때 사람들은 말했다.

"유니스, 당신은 회사를 떠나도 당신의 이름은 우리 회사에 계속 남아 있을 거예요."

큰딸이 말하기를, 이때의 경험을 이야기하면 면접관들이 무척 좋아한다고 한다. 기업이 원하는 인재가 어떤 모습인지 짐작할 수 있는 대목이다.

  모든 부모가 자녀들이 미래 사회에 필요한 인재가 되기를 바라며 열심히 교육시키고 있지만 특별한 사교육이 따로 있지 않다. 집에서 하브루타를 실천하며 아이들에게 질문하고 토론하는 환경을 만들어 주는 것으로 충분하다.

말하면 이루어진다
havruta

꿈, 비밀스럽게 간직하지 말고 세상에 선포하자.
가족이 그 첫 번째 세상이다.
전적으로 우호적이며
언제나 내 편인 세상에서.

우리 집 세 남매에게는 다른 사람들 앞에서 자기 생각을 말하는 것이 무척 즐거운 일이다. 특히 관심이 집중되고 지지를 넘치게 받을 수 있는 가족 앞에서 말하는 것을 제일 좋아한다.

몇 년 전부터는 가족 워크숍을 진행하고 있는데 다들 진지하게 열정적으로 참여한다. 어려서부터 자주 대화하고, 생각을 나누고, 질문으로 생각을 확장하게 도와준 시간이 헛되지 않았던 것 같다.

'하브루타 가족 워크숍'이라고 이름 붙인 이 시간은 다섯 식구가 각자 자신의 꿈과 비전, 그에 따른 세부 계획을 파워포인트로 작성해 돌아가면서 발표하는 자리다. 대형 스크린 앞에 서서 한 시간쯤 발표를 한 다음에는 질문을 받기도 하고 조언을 구하기도 한다. 식구들 하나하나가 어떤 비전을 갖고 있는지 알 수 있는 소중한 시간이고, 서로를 응원하며 어떻게 도와줄 수 있을지 같이 고민하는 시간이기도 하다.

하브루타 가족 워크숍

우리 집의 문화로 자리 잡은 하브루타 가족 워크숍 덕분에 생긴 좋은 일이 있다. 가족 워크숍 때 이야기한 각자의 목표가 이루어진 것이다. 성공한 사람들의 공통점이 목표를 정하고, 목표를 적고, 목표를 소리 내어 말하는 것이라고 하는데, 정말 그랬다. 큰딸은 홍콩이나 싱가포르에서 일하겠다고 했는데 거짓말처럼 그렇게 됐고, 작은딸도 대학 졸업 후 모 방송사에 입사하겠다는 말이 그대로 실현됐다. 이렇게 책을 쓰고 있으니 책 한 권을 더 출판하겠다는 내 목표도 이루어진 셈이다.

2018년부터는 아이디어 발표회를 하고 있다. 생활 속의 불편함을 개선할 수 있는 작은 아이디어나 세상을 앞서가는 새로운 아이디어, 유망한 사업 아이템 등을 발표하고 질문하고 토론한다. 이를테면 큰딸이 동남아시아의 산업에 대해 자기 생각을 펼친다.

"왜 미국에서 계속 일하지 않고 동남아시아로 갔느냐는 질문을 많이 받는데요. 저는 이렇게 생각합니다. 이미 미국은 충분히 성장했습니다. 지금은 중국이 눈부시게 성장 중이고요. 그렇다면 그다음은 어디일까요? 동남아시아입니다. 중국은 우리가 생각하는 것 이상으로 빠르게 발전하고 있습니다. 일례로 알리바바가 만든 슈퍼마켓이 있는데, 참 똑똑한 슈퍼마켓이에요. 장을 보러 가서 고등어에 붙어 있는 QR코드를 찍으면 직원이 돌아다니면서 고등어를 픽업합니다. 그 고등어는 자동으로 오토바이 기사들이 있는 곳으로 옮겨지고요. 그렇게 30분 이내에 배송이 시작됩니다. 현금과 카드는 받지 않습니다. 알리페이로만 결제가 돼요. 상하이 같은 대도시에서는 거리의 걸인들도 알리페이로 돈을 넣어 달라고 합니다. 지금 중국에서 일어나는 모든 일이 5년이나 10년 후에는 동남아시아에서 일어날 거라고 생각해요. 그리고 10~15년이 지나면 아프리카에서 일어나지 않을까요?"

그러면 알리페이가 현금과 카드까지 대체하게 된 이유가 무엇인지에서부터 동남아시아에서 가장 잠재력이 큰 나라는 어디라고 보느냐까지 질문이 쏟아진다. 질문과 대답을 하는 과정에서 새로운 아이디어가 나오고, 그러면 그 아이디어가 괜찮은지 또다시 토론이 벌어진다. 가족이 함께 창의적인 작업을 하는 이 시간을 다들 굉장히 즐거워한다.

어릴 때부터 꾸준히 하브루타 시간을 갖는다면, 자녀가 질풍노도의 청소년기를 맞거나 자기 일로 바쁜 성인이 되어도 즐겁게 소통할 수 있다. 가족 워크숍이 어색하거나 지루하게 느껴지지도 않는다. 온 가족이 그 시간을 기다린다.

잔소리가 아니라 질문을 하고, 훈계가 아니라 토론을 하고, 부모가 하고 싶은 말만 하는 게 아니라 아이의 말을 경청하는 하브루타로 창의적이고 생산적인 가족 문화를 만들어 갈 수 있다.

꿈을 응원하는 방법

하브루타 가족 워크숍에서 남편도 식구들 앞에서 자신의 꿈과 비전을 선포했다.

"다들 알다시피 나는 수십 년 동안 공무원 생활을 했어요. 공직은 국민에 대한 서비스직이라는 생각으로 그동안 열심히 일했습니다. 보람도 있었고요. 그런데 최근에는 결재 서류에 사인하는 것이 주된 임무가 된 것 같습니다. 다른 일을 하고 싶다는 생각이 많이 듭니다. 그래서 고민해 봤는데, 나는 아시아태평양 지역의 인권문제를 연구하고 싶어요. 인권은 내 오랜 관심사이기도 하고, 연구를 바탕으로 실질적인 기여를 하고 싶습니다."

남편은 아태 지역 인권문제 연구소 설립을 목표로 몇 가지 계획을 세웠고, 그중 하나가 외국어 공부였다. 적어도 영어, 중국어, 일어는 어느 정도 통달해야 인권문제를 다룰 수 있기 때문이었다. 그래서 언어연수를 다녀오겠다고 했다.

남편의 관심사는 알고 있었지만 그렇게 구체적인 계획이 있는지는 발표를 듣고서야 알았다. 나는 훌륭한 꿈이라고 말했고, 아이들도 아빠의 꿈을 지지한다며 응원했다. 그런 다음에는 아빠가 꿈을 이루는 데 가족들이 어떤 도움을 줄 수 있을지 논의가 시작됐다. 그러던 중에 큰딸이 말했다.

"아빠, 그동안 저희 세 남매를 잘 키워 주셔서 정말 고마워요. 저희 공부시키느라 경제적으로 힘드셨던 것도 알고요. 아빠 엄마 덕분에 저희가 잘 자랐다고 생각해요. 그래서 말인데, 지금까지 아빠가 공부시켜 주셨으니 이젠 제가 아빠 학비를 댈게요."

남편이 무슨 말인가를 하기도 전에 이번에는 둘째 딸이 거들었다.

"언니, 어쩌면 그렇게 기특한 생각을 했어? 아빠, 나도 보탤게요. 나도 이제 돈 벌잖아요. 학비 걱정하지 말고 언어연수 꼭 다녀오세요. 영국에 1년, 중국에 1년, 일본에 1년씩이요."

두 딸의 제안에 나도 남편도 가슴이 뭉클했다. 아이들한테 큰소리 한 번 내지 않고, 상대를 존중하는 아빠를 보며 아이들은 아빠에 대한 존경심을 키워 왔다. 효도를 따로 가르치지 않아도 아이들은 효를 실천하고 있었다.

문득 갓 결혼했을 때 시아버지가 당부하던 말씀이 떠올랐다.

"얘야, 네 시어머니는 이 집의 여왕이란다. 그러니 너도 여왕으로 모셔라."

'그럼 나는 시녀인가?' 하는 생각에 당혹스러웠고 반발심도 생겼다. 하지만 세월이 흐르면서 이해가 됐다. 어머니를 여왕 대접하는 아버지를 보며 자랐기에 남편은 아내에게도 그렇게 할 수 있었고, 아이들도 그런 할아버지와 할머니를 끔찍이 사랑했다. 거동이 불편한 할머니를 위해 몇 시간씩 몸을 닦아 드리고, 할아버지에게 갈 때마다 용돈을 드렸다. 의무감이 아니라 마음에서 우러나온 효孝였다.

시어머니가 돌아가셔서 입관할 때, 시아버지는 이렇게 말씀하셨다.

"얘들아, 어머니는 이 세상을 아주 행복하게 잘 사셨다. 그러니 울지 말고 우리 다 같이 박수로 보내 드리자."

우리는 눈물을 훔치고 힘차게 손뼉을 쳤다. 그렇게 시어머니는 자손들의 갈채 속에 마지막 길을 떠나셨다.

"정말 고맙구나."

남편의 말에 나는 옛 생각에서 깨어났다.

"우리 딸들의 제안을 받아들일게. 딸들이 시켜 주는 공부이니만큼 열심히 안 하려야 안 할 수가 없겠는걸."

요즘 남편은 외국어 공부에 푹 빠져 있다. 어느 정도 기본을 다지고 난 뒤에 언어연수를 받아야 최대의 효율을 낼 수 있다고 생각해서다.

하브루타 가족 워크숍을 통해 우리 가족은 더욱 결속력이 강해진 것 같다. 또 가족 모두가 한 걸음 한 걸음씩 꿈을 이뤄 가고 있다. 꿈은 마음속에 품고만 있기보다 사람들 앞에서 선언할 때 이루어질 가능성이 크다.

특히 가족 앞에서라면 더더욱 그렇다. 진심 어린 응원과 실질적인 지원을 받을 수 있기 때문이다. 무엇보다, 세상에서 누구보다 그 꿈이 이루어지길 간절히 바라는 이들 앞이기 때문이다.

3장

아이와 어떻게 대화해야 할까

좋은 질문이 인생을 바꾼다
― *havruta* ―

유대인은 매 순간 뇌가 격동하는 토론과 논쟁을 한다.
이것이 하브루타이며
질문은 하브루타의 고갱이다.

과거 베스트셀러 소설을 써서 이름을 알리고 훗날 정계에 입문했던 유명 인사가 있다. 한 기자가 이 명사와 어렵게 인터뷰 약속을 잡았다. 워낙 바쁜 사람이라 겨우 한 시간 정도의 인터뷰만 가능했다. 인터뷰가 무사히 끝나고 마무리 인사를 하던 기자가 무심코 물었다.

"혼자 지내시면 외롭지 않으세요?"

순간, 그의 눈시울이 붉어졌다. 체면도 지위도 모두 잊어버린 순간이었다. 기자의 말대로 그는 외로웠다. 부인과 사별한 지 오래되어 이젠 아무도 그런 질문을 하지 않았는데, 처음 보는 젊은 기자가 별생각 없이 던진 질문 하나가 그의 마음을 무장 해제시켰다. 그렇게 해서 마음의 문을 연 그는 자신의 이야기를 풀어놓기 시작했고, 인터뷰는 다섯 시간으로 늘어났다. 결국, 기자는 충분히 만족스러운 기사를 쓸 수 있었다.

질문은 사랑이고 관심이다

여섯 살, 네 살 아이를 키우는 젊고 아름다운 엄마의 이야기다. 어느 날 이 엄마가 교회에 앉아 있는데 한 청년이 다가오더니 물었다.

"식사하셨어요?"

그 말이 뭐라고 순간적으로 그녀의 눈에 눈물이 가득 고였다. 개인적인 문제로 힘든 시간을 보내고 있던 그녀에게는 오아시스 같은 질문이었다. 세상에 혼자인 것만 같았는데 관심을 가져 주는 누군가가 있다는 게 고마웠다.

이번에는 나와 아들의 이야기다. 아들이 어릴 때 어린이집에 가지 않겠다고 문고리를 잡고 버티며 며칠을 울었다. 적응하면 나아지겠지 하고 별생각 없이 아이를 강제로 차에 태워 보내기를 일주일, 결국 어린이집에 보내지 않기로 했다.

그렇게 한 달 정도가 흐른 어느 날 아들이 뜬금없이 말했다.

"엄마, 내가 어린이집에서 눈 감고 있는 게 얼마나 힘들었는지 알아?"

"그게 무슨 소리야?"

점심을 먹고 나면 무조건 낮잠을 자야 하는데, 잠을 자지 않으면 선생님에게 혼나기 때문에 억지로 눈을 감고 한 시간이나 누워 있어야 했던 것이다. 이 일은 지금까지도 미안한 일로 마음에 남아 있다. 그때 왜 어린이집에 가기 싫은지 묻고 아이의 말을 차분히 들어주지 않았는지 아직도 후회된다.

아이가 힘든 일이 있을 때 직접적으로 "도와주세요"라고 할 수 있으면 좋겠지만 그렇게 하지 못하는 경우가 더 많다. 나중에야 부모는 그 상황을 몰랐다고 변명을 하고, 왜 진작 말하지 않았느냐고 아이를 질책한다.

아이가 뭔가 평소와 다를 때, 애정을 갖고 던지는 한마디 질문이 아이의 무거운 고민을 깃털같이 가볍게 만들 수 있다. 우리는 질문을 해 주어야 한다.

"딸아, 피곤해 보이는데 몸이 힘든 거야? 아니면 힘든 일이 있는 거야? 힘든 일이 있다면 같이 나누고 싶구나."

"아들아, 어제 표정이 안 좋아 보이던데 무슨 일이 있었던 거니? 고민이 있다면 같이 해결해 보자. 엄마 아빠가 있잖아. 우리는 언제나 네 편이야. 그러니 걱정하지 말고 얘기해 보렴."

사랑의 반대말은 증오가 아니라 무관심이라고 했던가. 사랑하지 않는 사람에게 우리는 관심이 없고, 관심이 없을 때 우리는 질문하지 않는다. 질문은 관심이고 사랑이다.

좋은 질문 VS. 나쁜 질문

그런데 모든 질문이 좋은 것은 아니다. 나쁜 질문이 훨씬 많으며, 그런 질문을 할 때 아이는 "네", "아뇨", "몰라요" 같은 대답을 하거나 아예 말문을 닫아버린다. 나쁜 질문은 답을 정해 놓고 유도하는 질문, 부모의 우월함을 과시하기 위해 하는 질문, 비난의 의도가 있거나 비아냥거리는 질문 등이다. 가장 나쁜 질문은 부모의 유식함을 과시하고 아이의 무지를 드러내려는 의도가 숨겨진 질문이다.

예를 들어 어려운 영어 스펠링을 말해 보라든가 과학 현상에 대해 설명해 보라는 식의 아이 수준에 맞지 않는 질문이다. 특히 다른 사람들 앞이라면 아이의 자존심은 무참히 짓밟힌다. 부모하고만 있는 자리라 해도 마찬가지다.

질문하는 이유는 첫째가 관심과 애정의 표현이다. 그다음은 아이가 스스로 생각하게 하기 위해서다. 좋은 질문은 생각하게 하고 생각의 지평을 확장한다. 유대인은 학교에서도 짝을 지어 파트너와 질문하고 토론하게 하는 방식으로 수업을 진행한다. 질문은 지혜를 얻는 중요한 수단이라고 생각한다. 질문은 정답을 찾기 위해서가 아니라 해답을 찾아가는 과정이다.

그렇다면 어떻게 질문을 해야 할까?

첫 번째, 우호적으로 차분하게 질문해야 한다. 말을 할 때 언어적 표현보다 비언어적 표현, 즉 눈빛, 표정, 몸짓 등이 더 많은 정보를 전달한다. 다그치듯 묻는다거나 말은 우호적인데 표정이나 동작이 비우호적이어서는 곤란하다. 가령 출근 시간은 다가오는데 아이가 어린이집에 안 가겠다고 울면 부모는 자기도 모르게 다그친다.

"어린이집에 왜 가기 싫은데? 친구들도 있고 간식도 주는데?"

이것은 질문이라고 할 수 없다. 아이의 생각을 경청하겠다는 태도가 전혀 보이지 않는다.

혹은 "그래, 다 들어줄게. 하고 싶은 말이 뭐니?"라고 물을 때, 질문의 내용은 우호적이고 수용적이지만 표정이나 몸짓이 부정적이라면 아이는 입을 다물고 만다.

둘째, 구체적으로 질문해야 한다. 구체적인 질문에 구체적인 대답이, 추상적인 질문에 추상적인 대답이 돌아온다. 구체적인 대답을 원한다면 구체적으로 질문해야 한다. 예를 들어 "너는 무슨 일을 할 때 좋아?"보다는 "네가 하는 일 중 좋아하는 세 가지가 뭐야?"라는 질문이 더 구체적이다.

셋째, 생산적으로 질문해야 한다. 원인의 발견, 문제의 해결, 대안 마련, 정보 수집 등 새로운 방법과 관점을 제시하는 질문이 좋다. 질문을 바꾸면 세상을 보는 관점이 달라질 수 있다. 불행한 일을 겪을 때 우리는 흔히 "왜 하필 나에게 이런 일이?"라고 자문한다. 이 질문에 답이 있을 수 있을까. 대답이 가능하도록 상황을 받아들이고 "지금 내가 할 수 있는 일은 무엇일까?"라고 질문을 바꿔야 한다.

넷째, 창의적인 질문을 한다. 습관적이고 반복적인 질문은 잔소리에 불과하다.

다섯 번째, 위대한 질문을 한다. 질문이 인생을 결정한다. 단 하나의 질문이 인생을 바꾸기도 하고 작은 질문들이 지속적으로 인생에 변화를 주기도 한다. 위대한 질문은 새로운 전기를 만들어 주며 인생을 도약시킨다.

그렇다면 어떤 질문이 위대한 질문일까?

첫째, 위대한 질문을 하려면 호기심이 필요하다. 당연하게 생각하고 있는 모든 사실, 모든 현상, 모든 법칙에 호기심을 가져야 한다.

둘째, 위대한 질문은 때로 상식을 벗어난다. 빅토르 위고는 말했다. "콜럼버스의 가장 위대한 업적은 비상식적인 질문을 했다는 점이다." 당연하다고 생각하던 것을 당연하게 여기지 않는 순간 질문이 생겨난다.

셋째, 위대한 질문을 만드는 것은 도전의식이다. 라이트 형제의 위대한 업적은 비행기 발명이 아니라 비행에 성공하기 위해 805회나 질문의 닻을 올린 것이다. 실패는, 어떻게 성공할 수 있을지 더 이상 묻지 않고 포기할 때 찾아온다.

아이와 신뢰를 쌓는 대화법
―― *havruta* ――

부모는 아이의 마지막 보루다.
엄마 아빠만은 나를 이해해 줄 거라는 믿음이 있을 때
힘들어도 주저앉지 않고
세상을 살아갈 수 있다.

유대인은 아이와 신뢰를 형성하기 위해 'REACH 대화법'을 사용한다. REACH란 Reflect(반영), Encourage(격려), Accept(인정), Choice & Change(선택과 변화), Hold & Hug(수용과 포용)의 머릿글자다.

1. 반영

첫 번째 단계는 반영이다. 아이는 부모와 대화할 때 엄마 아빠의 반응을 살피며 더 이야기를 할지 말지 고민한다. 이 순간 아이의 감정을 과장해서 해석하거나 반대로 외면하지 말고 아이의 감정 그대로를 직접 느껴 본다. 바로 반응하지 않고, 몇 초 동안 아이가 겪고 있을 감정을 자신의 마음속에서 불러일으키는 것이다.

아이는 부모가 자신의 말에 충분히 공감하고 있는지 유심히 살피며 이야기할 것이다. 부모는 몸짓과 표정과 눈빛을 통해 공감하고 있음을 아이에게 보여 준다. 충분히 했다고 생각되면 다음과 같이 말한다.
"네 기분을 알 것 같아."

2. 격려

두 번째 단계에서는 아이에게 집중하는 모습을 보이며 좀 더 자세한 이야기를 듣고 싶다고 표현한다. 그리고 지금 느끼고 있는 감정에 대해 좀 더 설명해 달라고 부탁한다. 아이의 이야기가 충분히 들을 만한 가치가 있음을 인식시키고, 아이의 감정과 생각을 존중하고 있음을 느끼게 하는 것이다.

"무슨 일이 있었는지 좀 더 말해 줄 수 있어?"
"그래서 어떻게 됐는데?"

아이가 무슨 일로 그러는지 다 알고 있다는 식으로 말하는 것은 금물이다. 섣불리 단정해서는 안 된다. 그러면 아이는 자신의 감정을 지지받고 있지 않다고 생각해 입을 다물고 만다.

3. 인정

세 번째 단계는 아이의 감정을 인정하는 것이다.
"나도 너와 같은 기분이 들어. 나도 그런 적이 많았거든."

상처 입고 부정적인 감정을 느끼는 것은 자연스러운 현상이라고 인정해 준다. 잘잘못을 따지거나 비난하지 않는다. 아이가 지지받고 싶어 하는 마지막 보루는 부모다. 밖에서 비난받거나 지적을 당하거나 갈등이 생겼을 때도 부모만큼은 자신을 이해해 줄 거라는 믿음이 있어야만 자신을 심리적으로 지탱할 수 있다.

4. 선택과 변화

아이가 도움을 받고자 말을 꺼냈다면 감정을 공유하는 것만으로는 충분하지 않다. 문제 해결을 위한 방법을 찾도록 격려해 주어야 한다. 이때 섣불리 충고하거나 아이의 괴로움을 과소평가하지 않도록 조심한다. 아이는 부모의 섣부른 판단이나 결정을 원하는 것이 아니다. 아이 스스로 해결책을 찾을 수 있는지 가만히 지켜보자. 해결책을 제시하지 말고 다음과 같이 질문한다.

"어떻게 해결하는 방법이 없을까?"

지나치게 빨리 조언하고 충고하면 아이는 고통스러운 경험을 통해 통찰력을 기르거나 문제를 해결할 수 있다는 자신감을 얻을 기회를 놓치고 만다.

아이가 문제 해결 방법을 찾지 못하고 도움을 요청하면, 일방적으로 방법을 제시하기보다는 같이 찾아가는 것이 바람직하다.

5. 수용과 포용

마지막 다섯 번째 단계는 수용과 포용이다. 부모에게 이야기하고, 감정을 함께 나눈 점을 칭찬해 준다. 고민이나 감정을 부모와 공유했다는 사실 자체를 높이 평가하고, 그에 대한 고마움을 표현한다.

"털어놓고 이야기해 줘서 고마워."

이 다섯 가지 원칙을 잊지 않고 대화한다면, 아이가 사춘기가 되어도 관계를 돈독히 할 수 있다. 아이를 존중하고 공감하는 대화 그리고 현명한 질문이 있다면, 잔소리 없이 아이에게 좋은 습관을 들여 줄 수 있다.

잔소리는 가장 게으른 훈육 방법

오늘날 많은 부모가 경쟁에서 지면 실패라는 생각과 더 풍족하게 살기를 바라는 마음에서 아이들을 학교로, 학원으로 내몰고 있다. 소중한 우리 아이들이 매 순간 힘들다고 아우성쳐도 부모들은 외면한 채 아이들을 몰아세운다. 그래서 가족 간의 여유 있는 대화 시간도, 행복한 식사 시간도, 재잘거리며 산책할 시간도 잃어버린 지 오래다.

현실이 녹록지 않으니 어쩔 수 없다고 항변할 수도 있다. 하지만 진정으로 아이를 사랑한다면 잠시 멈춰서 생각해야 한다. '과연 내 아이는 얼마나 행복할까?' 그저 아이가 행복하게 자랐으면 좋겠다고 말하면서 역설적이게도 반대로 행동하는 것은 아닌지 말이다.

국제구호단체 세이브더칠드런과 서울대 사회복지연구소에서 '아동의 행복감 국제 비교연구' 결과를 발표한 적이 있다. 한국을 비롯해 루마니아, 콜롬비아, 노르웨이, 이스라엘, 네팔, 알제리, 터키, 스페인, 에티오피아, 남아프리카공화국, 독일 등 12개국 아동 4만 2,567명을 대상으로 진행된 이 조사에서 한국 아동의 행복감 순위는 최하위를 기록했다. 뭔가 대책이 필요한 게 아닐까.

즐겁게 공부하는 방법은 얼마든지 있다. 그러려면 잔소리가 아닌 대화가 선행되어야 한다. 물론 바쁜 일상에서 가족이 매일 모여 대화하기는 쉽지 않다. 그러나 적어도 일주일에 한 번 정도는 맛있는 음식을 놓고 마주 앉아 대화할 수는 있다. 유대인 가정은 매주 금요일이면 만찬을 준비해 온 가족이 모여 일주일 동안 수고한 것에 대한 칭찬의 시간을 갖는다. 특히 아빠는 자녀 앞에서 엄마의 수고에 대해 일일이 이야기하며 감사의 말을 전하고, 엄마는 아빠에게 자녀들이 잘한 일들을 알리며 칭찬한다. 금요일 온 가족 식사 시간을 하나의 소중한 문화로 생각해 오랫동안 이어지고 있다. 식사가 끝나면 뒷정리 또한 모두가 함께하며 가족 구성원으로서 자기 역할을 해낸다.

우리 엄마들은 자녀를 걱정하는 마음이 앞서서 아빠가 잘못하는 점만 골라 얘기하는 경우가 종종 있다. 남편에 대해 지적할 부분이 있다면 나중에 따로 조용히 말하면 된다. 아빠들도 마찬가지다.

가족이 모두 모였을 때는 서로 마음을 다해 칭찬만 하는 것이 부부는 물론 자녀들의 자존감 형성에도 좋은 영향을 미친다. 그럴 때 아이들은 자신의 길을 찾아 나선다. 굳이 공부하라고 잔소리를 할 필요가 없다.

반면 아이들의 부족한 부분만 지적하며 반복적으로 말하면 아이들은 엄마의 말을 귀담아듣기는커녕 잔소리로 치부한다. 교육 효과는 제로, 오히려 갈등만 일어난다. 효과가 없다는 걸 이내 깨닫지만, 부모들은 잔소리를 멈출 수가 없다. 그것 말고는 다른 방법을 모르기 때문이고, 손쉽기 때문이다. 잔소리는 가장 게으른 훈육 방법이다.

쉽지 않겠지만 지금부터라도 잔소리를 멈추자. 대신 질문을 통해 스스로 생각할 시간을 주자. 그러면 감정이 상하지 않는다. 아이는 자신이 존중받는다고 느끼고, 자존감을 훼손당하지 않으면서 엄마의 말을 순수하게 받아들이게 된다.

가령 잠자리에 들 시간이 가까워져 오는데 아이가 이 닦지 않았다면, 빨리 이 닦고 자라고 재촉할 게 아니라 조금만 더 기다려 주자. 아이도 이를 닦아야 한다는 것을 알고 있다. 스스로 이를 닦고 오면 잘했다고 칭찬해 준다. 조금만 참으면 잔소리가 아니라 칭찬을 해 줄 수 있다. 정, 이 닦으라는 말을 해야겠다면 질문으로 대신해 보자.

"아들아, 지금 네가 해야 할 일이 뭐니?"

한번 해 보면 효과가 있다는 사실을 알게 될 것이다.

칭찬도 잘해야 효과가 있다

유대인은 그들의 자녀를 선물이라 생각하며 체벌이나 잔소리 대신 대화로 모든 문제를 해결한다. 되도록 야단치지 않고 칭찬으로 키우려고 노력한다. 인정 욕구가 강한 시기인 유아나 청소년 시기에 칭찬을 받으면 더 잘하고 싶은 마음이 생겨 칭찬받는 행동을 이끌기 때문이다.

칭찬은 고래도 춤추게 하지만, 그렇다고 남발해서는 안 된다. 잘못

된 칭찬의 역효과는 매우 크다. 가령 "우리 딸 똑똑하네", "아들, 너 정말 머리 좋구나"처럼 지능을 칭찬하면 도전과 모험을 꺼리게 된다. 만약 실패하면 똑똑하다는 사실이 부정되기 때문이다. 그래서 쉬운 과제만 하려 든다. 부모는 아이의 지능이나 결과가 아니라 도전과 노력을 칭찬해야 한다.

또 진실하지 않은 행동에 칭찬을 받으면 자존감이 낮아진다. 어느 연구에서 한 집단은 모르는 걸 아는 것처럼 해야 하는 시험을 봤다. 다른 집단은 정상적인 시험을 치렀다. 시험이 끝나고 두 집단은 모두 성적이 좋다고 칭찬받았다. 그런 다음 자존감 수준을 측정했다. 그 결과, 모르면서도 아는 체했던 집단은 자존감이 오히려 하락했다. 반면 다른 집단은 자존감이 높아졌다.

아들이 어렸을 때 90점을 받아왔기에 무심코 칭찬한 적이 있다. 하지만 아들은 못마땅해 했다. 너무 쉬운 시험이었기에 스스로 잘했다고 생각하지 않았다. 그 후로는 칭찬할 때 결과에 대해 언급하지 않았다.

그렇다면 대체 어떻게 칭찬해야 할까?

"수고했어", "애썼다", "열심히 했구나", "도전하는 네가 멋있어", "어쩌면 그렇게 열정적이니?", "당당한 모습이 보기 좋아", "좋은 생각이야", "포기하지 않고 끝까지 해냈구나" 등등 칭찬할 수 있는 말은 아주 많다.

정말로 중요한 것은 똑똑한 것도 아니고 공부를 잘하는 것도 아니다. 자신의 재능을 탐색하고, 새로운 길에 도전하고, 꿈을 이루기 위해 노력하는 것이 중요하다. 그러니 중요한 것을 칭찬해야 한다.

기질에 따라 하브루타도 달라진다
―― *havruta* ――

아이의 타고난 기질을 잘 파악하고
그것에 맞게 대해야
좋은 결과를 기대할 수 있다.

아이마다 기질과 성향이 다르기에 하나의 원칙과 방법으로 아이들을 똑같이 대하는 것은 비효율적일 뿐만 아니라 좋은 결과를 기대하기 어렵다. 아이를 파악하고 난 후 타고난 성격과 기질을 인정하고 대화하는 것과 그렇지 않은 대화는 천지 차이다. 우선 아이를 있는 그대로 인정해야 한다.

아이가 최고의 장점을 가졌는데도 그것을 단점으로 인식해, 어떻게든 고쳐 보려고 애쓰면서 스트레스를 받는 부모들이 있다. 그런 부모들과 상담할 때마다 무척 안타깝다. 아이의 장점을 없애버린 채 아이에게 없는 부분을 키우려고 노력하는 것은 아이나 부모에게나 불행이다.

세상의 모든 아이에게는 보석처럼 빛나는 부분이 있다. 아이의 빛나는 부분을 잘 찾아내는 것도 부모의 역할 중 하나다. 내 아이의 특

징을 찾아내는 대신 옆집 아이와 비교하면서, 다른 아이들은 다 있는 것이 왜 내 아이에게는 없는지 아쉬워하면서 어떻게든 남들과 비슷하게 만들어 보려는 생각을 버려야 한다.

아이마다 기질과 성향이 다르다

우리 집 세 남매만 해도 각자 색깔이 너무도 분명하다. 그래서 아이마다 대화 방법이나 충고, 격려, 지지를 모두 다르게 해 왔고 그렇게 자란 세 아이가 모두 자기만의 개성으로 당당하게 살아가는 모습이 뿌듯하고 행복하다.

큰딸과 둘째 딸이 인터넷으로 동영상 두 개를 차례로 보았다. 첫 번째 동영상 내용은 버스 안에서 일어난 일이다. 한 남자가 일어나더니 승객을 향해 조심스럽게 말을 꺼낸다.

"제 아내가 병원에 있습니다."

그러자 나이 든 여성이 혼잣말로 중얼거린다.

"할 짓이 없어서 마누라를 팔아먹나?"

버스 안의 승객들은 남자가 구걸할 거로 생각했는지 그를 외면했다. 남자는 계속 이야기했다.

"제 아내가 뇌종양 말기인데 아내를 위해 1초만이라도 기도해 주십시오."

버스 안에 침묵이 감돌았다. 승객들은 어쩔 줄 몰라 했다. 조금 전까지 짜증이 서렸던 승객들의 표정에 미안함이 떠올랐다.

그런데 이 동영상을 본 둘째가 갑자기 울음을 터뜨렸다. 사람들이 타인을 너무 쉽게 판단하고 상처를 준다면서.

두 번째 동영상은 한국의 발전상을 보여 주는 내용이었다. 전쟁과 가난을 이겨내는 과정에서 수많은 사람이 흘린 땀과 눈물이 감동적으로 그려졌고, 현재의 한국 모습이 눈부시게 펼쳐졌다.

이번에는 큰딸이 눈물을 흘렸다. 대한민국에서 태어난 것이 자랑스럽고, 왜 자신이 이 나라에 태어났고 우리나라를 위해 무슨 일을 해야 하는지 이제 알 것 같다며 울었다.

작은딸은 성급한 판단으로 남에게 상처를 주는 사람들 모습에 충격을 받아서, 그리고 기도를 청한 아저씨가 불쌍해서 눈물을 흘렸고, 큰딸은 대한민국이 자랑스럽고 우리나라에서 태어난 것이 기뻐서 눈물을 흘렸다.

같은 성별에 16개월밖에 나이 차가 안 나고 똑같은 환경에서 자랐는데도 이렇게나 다르다. 아들은 또 얼마나 다른지 모른다. 한번은 아들이 이렇게 말한 적이 있다.

"엄마, 사과하세요. 지금 너라고 했어요."

"너라고 부르는 게 사과할 일이니?"

"'아들아' 아니면 '도헌아'라고 불러 주세요. 전 남이 아니잖아요. 엄마가 그렇게 부르면 남처럼 느껴져서 기분이 안 좋아요."

누나들과 달리 아들은 말 한마디에도 쉽게 상처받고 마음이 매우 여리다. 자기 자신뿐만 아니라 다른 사람들에게도 마찬가지다. 때로는 이해가 안 되는 행동을 하기도 한다.

외식을 하기로 한 날, 주꾸미 철판볶음을 하는 식당을 보고 "도헌아, 여기 맛있겠다" 하면서 급하게 안으로 들어갔다. 주인아주머니가 반기며 인사를 했고 아들은 당황스러워했다.

"엄마, 잠깐만요. 제 의견은 안 물어보고 들어오시면 어떻게 해요."

"아, 그랬구나. 미안! 도헌아, 주꾸미 어때?"

주인아주머니는 빙그레 웃으며 아이를 쳐다보고 계셨다.

"엄마가 드시고 싶은 음식이니까…… 좋아요."

다행히 음식을 맛있게 먹던 아이가 문득 말했다.

"아주머니께 사과해야겠어요. 아까 들어올 때 실례를 한 것 같아요."

기어이 아들은 주인아주머니에게 아까 죄송했다고 사과했고, 주인아주머니는 화들짝 놀라며 손을 내저었다.

"그게 뭐 죄송한 일이야. 아니야! 아이고, 이뻐라. 아들 참 잘 키우셨네요. 부럽습니다."

식당 앞에서 고민하는 것은 당연하고 큰 실례가 아닌데도 아들은 주인아주머니에게 상처를 준 것 같아서 마음이 불편했던 것이다.

아이마다 이렇게 다르니 대화법과 훈육법 역시 달라야 하는 게 당연하다. 그러나 우리 부모들은 아이의 개성과 성향을 무시할 때가 많고, 그래서 갈등을 만들고 아이에게 상처를 주는 실수를 범한다.

이 세상에 같은 아이는 존재하지 않는다. 각자가 이 우주에서 유일한 존재이기에 더 특별하고 귀한데, 아이의 특성을 인정하지 않고 바꾸려고만 하는 부모들이 많다. 그런 부모는 아이에게 절대로 도움을 줄 수 없다.

내 아이는 어떤 유형일까?

아이의 성격 유형은 크게 행동형, 규범형, 탐구형, 이상형으로 나눌 수 있다. 쉬운 예를 들자면 다음과 같다. 학교에서 박물관으로 현장학습을 하러 갔다. 집으로 돌아온 아이에게 엄마가 현장학습 가서 무엇을 보고 뭐가 제일 재미있었느냐고 묻는다. 아이가 대답한다.

"이것저것 봤는데 잘 기억이 안 나요. 점심시간에 친구들이랑 뛰어놀았던 게 제일 재미있었어요. 그런데 우진이가 없어져서 선생님들이 한참 찾았는데 찾고 보니 혼자 뭘 보고 있었대요."

이 아이는 행동형 아이이고, 우진이는 탐구형 아이다. 또 다른 아이는 이렇게 대답한다.

"오늘 삼국시대 유물들을 봤어요. 그런데 우진이가 사라져서 난리가 났었어요. 도대체 이해가 안 돼요. 아무리 신라 금관에 반했어도 그렇지, 선생님이 떨어져 다니지 말라고 그렇게 주의를 주셨는데."

이 아이는 규범형 아이다. 이상형 아이는 다음과 같이 이야기한다.

"뭐 옛날 그릇 같은 거 봤어요. 그런데 엄마, 오늘 혜지랑 짝이 돼서 버스에서도 같이 앉고 간식도 나눠 먹고 계속 같이 다녔어요. 혜지랑 짝이어서 참 좋았어요. 혜지도 좋았을까요? 난 우리가 친해진 것 같아

좋았는데."

어떤 차이가 있는지 대충 짐작이 갈 것이다. 구체적으로 알아보자.

먼저 행동형 아이는 활동성이 강하고 거침이 없으며 두뇌 회전이 빠르다. 솔직하고 순발력이 뛰어나다. 직설적이고 화끈하다. 또한 스케일이 큰 것도 장점인데 부모는 이런 아이를 차분하지 못하다고 생각할 수 있다. 행동형은 산중의 호랑이이며 리더의 자질을 갖고 태어난 아이들이다. 그런데 이런 아이가 자신의 타고난 기질을 발휘하지 못하는 환경, 가령 규범형 부모와 만나면 아이를 틀 안에 넣고 키우려는 부모와 튀어 나가려는 아이가 부단히 싸우며 갈등이 생길 수밖에 없다.

행동형 기질을 잃어버렸을 때 아이는 종이호랑이가 되고 만다. 행동형 아이는 생각이 빠르다는 장점이 있는 데 반해 깊이 생각하는 힘이 약하다. 그래서 행동형 아이와 하브루타를 할 때는 어떤 질문에 바로 답하게 하는 것보다 다시 한번 생각할 시간을 주는 것이 좋다. "한번 더 생각해 보자", "좀 더 깊이 생각해 보자"라고 말해 준다.

규범형은 타고난 순종형으로 책임감이 강하고 성실하며 규칙과 원칙을 중요시한다. 어떤 일을 할 때는 한 번에 한 가지씩만 하며 기억력이 뛰어나지만, 상처를 깊이 받는다. 부모 말을 잘 따르는 성향인데 때때로 자녀와 성향이 다른 부모들은 자녀의 이런 모습을 자율적이지 못하다고 생각하며 답답해한다.

규범형은 신중해서 질문하면 바로 답하기보다 생각하는 데 시간이 오래 걸린다. 이때 재촉하거나 다그치면 아예 입을 닫아 버리는 수가 있어서 충분히 시간을 주고 기다려야 한다. 스스로 머릿속에서 정리

한 후에야 대답하는 아이라는 점을 기억하자. 그렇게 아이가 존중받는 느낌을 받아야 하브루타를 할 때 효과를 볼 수 있다. "기다려 줄게, 천천히 생각해"라고 자주 말해 주자.

탐구형은 알고 싶은 것이 매우 많고 생각이 깊다. 결정을 신중하게 하며 한 번 결정한 후에는 절대 후회하지 않는다. 좋아하는 일에 푹 빠지며 동시에 여러 가지 일을 처리하는 능력이 있다. 반면 또래 친구들에게 무관심한 경우가 많다. 부모들은 아이가 보이는 지식에 대한 열정을 인정하지 않고 주변에 너무 무관심하다고 걱정하거나 속상해한다. 탐구형은 좋아하는 것만 깊이 파고들며 좋아하지 않는 것에는 처음부터 관심을 두지 않는다. 이런 경우 하브루타를 할 때 아이가 좋아하는 분야의 주제를 갖고 접근하는 것이 좋다. "네가 좋아하는 것에 엄마도 관심이 많아"라고 이야기해 주자.

이상형은 끊임없이 감상에 빠지며 사람들로부터 인정받고 사랑받기를 좋아한다. 화나 분노를 제대로 표현하지 못하며, 다른 사람을 용서하고 기다릴 줄 안다. 마음이 여리고 따뜻하며 진정한 인간관계에 큰 가치를 두는 이상형 아이들은 칭찬을 받아야 성장한다.

이상형 자녀를 둔 부모들은 아이가 친구를 너무 좋아해서 탈이라고 걱정하는데, 그것이 바로 아이의 최고 장점이다. 이상형은 관계중심형이라 질문도 부드럽게 해야 하며 답을 하면 칭찬을 아끼지 말아야 한다. 이상형은 다른 사람들에게 이해받고 있다고 느낄 때 자신의 능력을 최고로 발휘한다. "와, 아주 좋은 생각인데!"라고 감탄해 주자.

2부

매일 아이와 함께하는 엄마의 하브루타 대화법

4장

책임감을 기르는 하브루타 대화법

학교에 가기 싫어하는 아이
havruta

아이가 책임지고 완수해야 할 첫 번째 일이 있다면 학교에 가는 것이다. 아이들도 이 점을 잘 알고 있다. 그래서 학교에 가지 않겠다고 하는 대신 배가 아프다고 하거나 머리가 아프다며 울상을 짓는다. 학교 갈 시간이 됐는데도 미적거리며 늑장을 부리기도 한다. 그럴 때는 이렇게 말해 보자.

"그래, 충분히 그럴 수 있어. 이 추운 날(더운 날) 발딱 일어나서 집을 나가고 싶은 아이가 어디 있겠니. 엄마도 출근해야 하는데 가기 싫을 때가 있어. 하지만 힘들어도 씻고 준비하고 나간단다. 다들 그렇지 않을까."

이렇게 아이의 마음에 충분히 공감해 주어도 소용이 없다면, 판단이 들어가지 않은 객관적인 질문을 통해 원인을 파악해야 한다. 원인을 알면 해결 방법이 보인다. 잔소리는 아무 도움이 안 된다. 아이가 학교에 가지 않으려는 이유는 여러 가지가 있을 수 있다. 친구들에게 따돌림을 당한다거나 선생님과 관계가 좋지 않아서일 수도 있고, 숙제를 안 했기 때문일 수도 있다. 아니면 어제 너무 뛰어놀아서 에너지를 다 소진해 기운이 없어서일 수도 있다. 혹은 아침에 부모와 무언가 신경전이 벌어졌는데 그 짜증을 학교에 가지 않는 것으로 표출할 수도 있다.

원인을 제거해 주는 것이 우선이고, 하브루타를 통해 학교의 의미를 다시 생각해 보는 것도 하나의 방법이다. 학교는 역사와 전통, 문화와 지혜를 전달하는 매우 중요하고 의미 있는 곳이다. 이러한 학교에서 이루어지는 교육이 얼마나 중요한지 알고, 교육의 의미를 깨닫는다면 아이는 좀 더 책임감을 느끼고 학교에 갈 것이다.

아이에게 들려줄 이야기

학교 하나만 있으면

서기 70년, 로마인은 성전을 파괴하고 유대인을 멸망시키려고 했다. 이때 유대인은 죽음을 무릅쓰고 로마인과 싸워야 한다는 강경파와 로마인에게 항복하고 협상하여 살길을 찾아야 한다는 온건파로 나뉘었다.

힘이 강했던 강경파는 온건파를 마구 살해했다. 그 때문에 온건파는 입을 다물 수밖에 없었고, 온건파 중 한 사람인 요하난 벤 자카이는 고심했다.

'예루살렘 사람들은 로마와 싸우다 죽을 것이다. 그러나 다른 지역에도 유대인은 많다. 어떻게 하면 우리 유대민족이 이 지구상에 살아남을 수 있을까?'

마침내 요하난은 로마군 사령관에게 한 가지 부탁을 해야겠다고 생각했다. 그러나 문제가 있었다.

'지금 우리는 모두 예루살렘 성벽 안에 갇혀 있어 성 밖으로 나갈 수가 없다. 성벽 안에서는 강경파가 나를 감시하고 있고, 성벽 밖에서는 로마군이 우리 유대인의 출입을 막고 있다. 성 밖으로 나가야만 로마군 사령관을 만나 부탁할 수 있는데……. 무사히 성 밖으로 나갈 방법은 없을까?'

요하난은 생각 끝에 병이 났다며 자리에 드러눕기로 했다. 그는 위대한 랍비로 알려져 있어서 많은 사람이 병문안을 왔다. 요하난은 그들에게 이렇게 말했다.

"아마 나는 오래 살지 못할 겁니다."

그러자 요하난이 곧 죽을 거라는 소문이 크게 퍼졌다. 얼마 뒤에는 그가 죽었다는 소문마저 났다.

요하난은 제자들에게 이런저런 지시를 했고, 제자들은 지시에 따라 그를 관에 넣은 뒤 성문으로 메고 가서 성문을 지키는 강경파 사람에게 말했다.

"성 안에는 묘지가 없으니 성 밖에 매장해야겠습니다. 허락해 주십시오."

그러나 강경파 사람은 호락호락하지 않았다.

"요하난이 죽었다는 사실을 믿을 수 없으니 칼로 시체를 찔러 봐야겠다. 확인 후에 매장을 허락하겠다."

제자들이 항변했다.

"유대인은 절대로 시체를 눈으로 보지 않습니다. 이것은 법이기도 합니다. 법을 어기려 하십니까?"

"흠. 그렇다면 관 위에서 칼로 찔러 보겠다. 그건 되겠지?"

"그건 돌아가신 분을 모독하는 행위입니다. 위대하신 랍비를 모독할 생각입니까?"

할 수 없이 그는 요하난의 관을 통과시켰다. 제자들이 관을 메고 성 밖으로 나오자 이번에는 로마군이 다가왔다. 그들 역시 칼을 뽑아 들고 위협했다.

"랍비가 죽었다는 걸 믿을 수 없다. 탈출하려는 게 아니냐? 칼로 관을 찔러 보겠다."

"만일 로마 황제가 죽었다 해도 칼로 관을 찌르겠는가? 우리는 전혀 무장도 하지 않고 있다."

그리하여 제자들은 무사히 성을 빠져나왔다. 잠시 뒤 랍비는 관에서 나와 로마군 사령관을 찾아갔다. 사령관을 만난 요하난은 겸손한 태도로 말했다.

"나는 당신에게 로마의 황제에게 표하는 것과 똑같은 경의를 표합니다."

사령관이 듣고 화를 냈다.

"나는 일개 사령관이다. 그런데 황제에게 하는 것과 똑같은 경의를 표하다니, 당신은 지금 황제를 모욕하는 것이다."

"당신은 나중에 틀림없이 로마의 황제가 될 것입니다. 그래서 같은 경의를 표하는 것뿐입니다."

"좋소. 그런데 나를 만나러 온 이유는 무엇이오?"

"부탁이 있습니다."

"말하시오."

"당신은 곧 예루살렘으로 쳐들어 와 예루살렘을 파괴할 것입니다. 그리고 성 안의 모든 유대인을 죽이겠지요. 다만 그 후에 열 명의 랍비가 학생들을 가르칠 수 있는 학교 하나만 만들어 주십시오. 교실은 하나로도 충분합니다. 그리고 어떤 경우에도 그 학교만은 파괴하지 말아 주십시오."

요하난은 예루살렘 사람들이 모두 죽어도 학교만 있다면 다른 지역의 유대인들이 와서 다시 예루살렘을 채우고 교육할 것이니 유대인은 결코 사라지지 않을 거라고 생각했던 것이다. 사령관은 요하난의 부탁을 들어주었다.

얼마 후 사령관은 예루살렘 공격을 명령했고 5개월 만에 예루살렘은 무너졌다. 그리고 많은 사람이 죽었다. 죽임을 당하지 않은 사람들은 스스로 목숨을 끊었으며(이때 약 110만 명이 죽었다는 기록이 있다) 나머지는 노예가 되었다.

9년 뒤에 사령관은 로마 황제가 됐다. 황제는 9년 전의 약속을 기억해 내고 예루살렘에 주둔한 로마군에게 명령했다.

"예루살렘에 작은 학교를 하나 지어 주어라. 그리고 그 학교는 결코 파괴하지 마라."

학교가 지어지자 곧 학자들이 모여들었다. 그들은 다시 제자들을 모아 지혜를 전했다.

🔍 개념 찾기 질문

1. 서기 70년은 무슨 뜻일까?

2. 유대인은 어떤 사람들인가?

3. 온건파는 무엇을 일컫는 말일까?

4. 강경파는 무엇을 일컫는 말일까?

5. 온건파와 강경파의 장점과 단점은 무엇일까?

6. 요하난은 왜 온건파에 섰을까?

7. 매장이란 무슨 뜻일까?

8. 모독이란 무슨 뜻일까?

9. 학교 하나만 세워 달라고 부탁한 이유는 무엇일까?

10. 학교는 어떤 곳인가?

11. 우리는 왜 학교에 다닐까?

아이와 함께하는 하브루타

엄마 민준아, 요하난이 목숨을 걸고 성 밖으로 나간 이유는 뭘까?

민준 학교를 세워 달라고 부탁하기 위해서요.

엄마 그래, 왜 그런 부탁을 했을까?

민준 학교가 중요하다고 생각해서 그랬어요.

엄마 요하난은 학교를 왜 그토록 중요하게 여긴 것 같니?

민준 학교가 있어야 아이들이 와서 배울 수 있으니까요. 그렇게 하면 유대인이 사라지지 않는다고 생각했어요.

엄마 오, 그렇구나. 학교에서 아이들은 무얼 배우는데?

민준 국어도 배우고 수학도 배우고 리코더도 배워요. 친구들이랑 사이좋게 지내고 부모님께 감사해야 한다는 것도 배우고요. 아, 불이 나거나 지진이 일어나면 어떻게 해야 하는지도 배워요. 음식을 골고루 먹어야 하고 낯선 사람을 따라가면 안 된다는 것도 배웠어요.

엄마 우리 아들, 학교에서 정말 많은 것을 배웠네. 민준이는 어떻게 생각해? 학교는 꼭 있어야 할까?

민준 학교는 꼭 있어야 할 것 같아요. 학교가 없으면 어디서 그런 것들을 배우겠어요?

엄마 집에서 엄마 아빠한테 배울 수도 있고 학원에 가서도 배울 수 있지 않을까? 인터넷이나 교육방송도 있고.

민준 음…… 하지만 학교가 더 나아요. 맛있는 밥도 주고 친구들도 많고 운동장도 커요. 아프면 보건실에 갈 수도 있고요.
엄마 그러고 보니 학교가 정말 좋은 곳이네.
민준 맞아요, 엄마. 학교는 좋은 곳이에요. 학교에 안 가면 저만 손해예요.
엄마 그렇지만 가기 싫을 때도 있지.
민준 이젠 학교에 가기 싫지 않을 것 같아요.
엄마 그런 생각이 드니? 정말 기쁘구나.

아이는 학교에 대해 처음으로 깊이 생각해 보았다. 하브루타를 통해 학교에 관한 생각을 나눌 수 있어서 엄마와 아이 모두에게 의미 있는 시간이었다. 아이들 대부분은 학교가 갖는 의미도 모른 채 학교에 다닌다. 학교가 무얼 하는 곳인지, 왜 다녀야 하는지, 다니면 자신에게 무엇이 좋은지 안다면 학생으로서 책임감도 느낄 것이다.

숙제를 안 하는 아이
havruta

 우리 어른들처럼 아이도 매일매일 살아가면서 해야 할 일들이 있다. 학교에 지각하지 않기 위해 아침에는 제시간에 일어나야 하고, 양치질을 하고 세수를 하고 머리를 감아야 하며, 학원에서 내준 숙제를 제때 해야 하고, 자기 물건은 자기가 챙기고 자기 방도 스스로 청소해야 한다.

 그런데 아침에 꾸물거리느라 지각을 하거나 귀찮다고 씻지 않는다거나 숙제를 하지 않거나 물건을 여기저기 흘리고 다닌다면, 어떻게 해야 할까?

 "서둘러! 학교 늦겠다!"

 "대체 지금이 몇 시니? 엄마가 아까부터 숙제하라고 그랬지!"

 "그만 꾸물대고 빨리 샤워하라고!"

 아이를 키우는 가정이라면 공감하는 풍경일 것이다. 그야말로 아침은 전쟁 같다. 늑장을 부리는 아이에게 결국 부모는 참고 참다가 폭발해서 소리를 지르며 비난한다. 하지만 아이의 행동은 바뀌지 않는다. 효과가 없는 것은 물론이고 아이와 관계가 틀어지는 역효과만 일어난다.

중요한 것은, 학교에 지각하지 않는 것도 몸을 청결하게 유지하는 것도 숙제를 하는 것도 모두 아이가 스스로 해야 하는 일이라는 점이다. 결코 부모의 일이 아니다. 따라서 할 일을 하지 않았을 때의 결과 또한 아이의 몫이다.

아이가 늑장을 부리느라 지각할 것 같다면 지각하게 하는 편이 낫다. 벌점 스티커를 받든 친구들에게 지각대장이라고 놀림을 당하든 그것은 아이의 책임이다. 숙제를 안 한다면 그냥 내버려 두자. 선생님에게 혼이 나든 방과 후에 교실에 남아 숙제를 하든 이 역시 아이의 책임이다.

할 일을 하지 않아 대가를 치른 후에 책임감을 깨닫게 하는 것도 방법이다. 더 나아가 하브루타로 깨닫게 하는 방법도 있다. 어차피 해야 하는 숙제라면 집중해서 빨리 끝내고 노는 편이 훨씬 낫다는 사실까지 알게 한다면 더할 나위 없다.

노느라고 숙제는 뒷전인 아이를 볼 때마다 엄마는 속이 탄다. 숙제 먼저 해 두면 마음도 가뿐하고, 늦은 밤 피곤해서 꾸벅꾸벅 졸며 숙제할 필요도 없으니 얼마나 좋으랴. 아이에게 다음의 이야기를 들려주고 함께 질문하고 토론해 보자.

아이에게 들려줄 이야기

포도밭의 일꾼들

넓은 포도밭에 일꾼들이 일은 하지 않고 모여서 잡담만 하고 있었다.

"자네, 어제 밤하늘 봤나?"

"아니, 밤새 무슨 일이 있었어?"

"물론 있었지. 어제 별이 엄청 많이 떨어졌지 뭔가. 참으로 아름다웠지."

일꾼들은 여전히 일할 생각은 하지 않았다.

그런데 아까부터 일꾼 한 명이 쉬지도 않고 계속해서 열심히 일하고 있었다. 그의 이마에는 땀방울이 송글송글 맺혔다.

잠시 뒤, 포도밭 주인이 나타나자 잡담하던 일꾼들은 주인의 눈치를 슬슬 보더니 일을 시작했다.

주인은 열심히 일하는 일꾼을 불렀다.

"자네는 나랑 이 근처 산책 좀 하지."

"네, 알겠습니다."

주인은 책임감 있고 성실한 일꾼과 함께 여유롭게 포도밭 근처를 산책하며 담소를 나눴다.

"자네, 낚시 좋아하나?"

"물론이죠."

"그럼 잠시 나랑 낚시나 할까? 낚싯대는 여기 있네."

주인과 성실한 일꾼은 함께 낚시도 하고 맛있는 음식도 먹었다. 그러는 동안 다른 일꾼들은 일을 했다.

어느새 날이 저물자 주인과 성실한 일꾼은 포도밭으로 돌아왔다. 주인은 일꾼들을 전부 불러 모았다.

"오늘 하루 수고가 많았습니다. 일을 했으니 수고비를 드리겠습니다."

주인은 일꾼들에게 약속한 품삯을 나눠 주었다. 성실한 일꾼에게도 다른 일꾼들과 똑같은 금액의 품삯을 주었다.

그러자 일꾼 한 사람이 불만 섞인 목소리로 말했다.

"주인어른, 너무 억울합니다. 저 친구는 오늘 두 시간밖에 일하지 않았습니다. 그런데도 우리와 똑같은 돈을 받는다는 건 옳지 않습니다."

그러자 주인이 고개를 저으며 말했다.

"옳지 않다니요? 이 친구가 두 시간 동안 해놓은 것과 여러분이 하루 종일 일한 것이 비슷합니다. 이 친구는 일할 때 집중해서 했고, 여러분은 시간만 잡아먹고 대충대충 했습니다. 안 그렇습니까?"

주인의 말에 일꾼들은 고개를 들지 못했다. 주인은 일꾼들에게 냉정하게 말했다.

"내일부터는 나오지 마세요. 책임감 있고 성실한 일꾼들을 찾아봐야겠습니다."

그제야 일꾼들은 자신들의 잘못을 깨달았다.

🔍 개념 찾기 질문

1. 일꾼들은 왜 포도밭 주인이 오기 전까지 일을 하지 않았을까?
2. 책임감 있고 성실한 일꾼은 왜 다른 일꾼들과 함께 잡담하지 않았을까?
3. 그는 잡담하는 일꾼들을 보며 어떤 생각이 들었을까?
4. 다른 일꾼들은 그를 보며 어떤 생각을 했을까?
5. 주인은 왜 그에게 산책을 가자고 했을까?
6. '담소'란 무슨 뜻일까?
7. 품삯을 똑같이 나누어 준 주인의 행동은 과연 옳을까?
8. 일꾼들이 해야 할 일은 무엇일까?
9. 내일부터 나오지 말라는 말을 듣고 일꾼들은 기분이 어땠을까?
10. 일꾼들은 다른 일자리를 찾을 수 있을까?
11. 다른 일자리를 찾는다면 그곳에서 일꾼들은 어떻게 행동할까?

아이와 함께하는 하브루타

엄마 승우야, 이 이야기에서 일꾼들은 주인이 올 때까지 왜 일을 하지 않았을까?

승우 하기 싫으니까요. 그런데 주인이 오니까 어쩔 수 없이 하기 싫어도 한 거죠.

엄마 그런데 하기 싫어도 해야 하는 게 아닐까?

승우 맞아요. 그게 일꾼들의 할 일이니까요.

엄마 성실한 일꾼도 일하기 싫었을까?

승우 그 사람도 일하는 것보다는 노는 게 좋을 거예요. 하지만 해야 할 일이니까 열심히 한 게 아닐까요?

엄마 그래서 어떻게 됐지?

승우 다른 사람들이 일할 때 주인이랑 낚시도 하고 맛있는 것도 먹었어요.

엄마 그래, 맞아. 우리 아들은 성실한 일꾼과 그렇지 않은 일꾼 중에서 어떤 사람이 되고 싶니?

승우 당연히 성실한 일꾼이죠.

엄마 좋은 생각이야. 그렇다면 어떻게 해야 할까?

승우 할 일은 제때제때 해 놓아야 돼요. 그러고 나면 푹 쉴 수도 있고 신나게 놀 수도 있어요.

엄마 오, 멋져. 엄마도 같은 생각이야. 당장 할 수 있는 것부터 시작하면 좋겠다. 내일부터는 숙제하고 노는 건 어때?

승우 네, 그렇게 할게요. 그게 더 좋은 방법 같아요.

하브루타를 하면서 '나라면 이렇게 할 텐데' 혹은 '나라면 다른 방법을 선택하겠어' 하고 생각하는 것은 결국 다양한 간접 체험이다. 생각을 깊게 하고 다양한 사고를 하면 어떤 일을 왜 해야 하는지 동기를 찾을 수 있다. 별생각이 없기 때문에 동기가 없는 것이고, 동기가 없기 때문에 그 일이 하기 싫고, 하더라도 기계적으로 하게 된다.

그렇게 한다면 어떤 일에서든 성공하기 어렵다. 동기가 있을 때 자신의 일에 책임감을 갖고 성실하게 해낼 수 있고, 그럴 때 성공할 확률이 높아진다.

할 일을 미루는 아이
havruta

아이가 해야 할 일이 분명히 있는데도 자꾸 미루면 부모는 화가 난다. 자신에게 반항을 한다고 여기기도 하고, 아이가 너무 게으른 게 아닌가 걱정이 되기도 한다. 그렇다고 아이에게 화를 내는 것은 누구에게도 도움이 되지 않는 방법이다. 여러 연구들에서 밝혀낸 바에 따르면, 화를 잘 내는 부모를 둔 아이 역시 화를 잘 내며 화를 덜 내는 부모의 아이들보다 더 반항적이고 더 말을 듣지 않는다. 또한 화를 내는 부모의 아이들은 부모와 거리를 두고 싶어 한다.

청소년기에 이르면 더욱 문제가 심각해진다. 자녀가 텔레비전을 보거나 숙제를 하지 않거나 할 일을 미루는 것과 같은 상황에서 부모가 화를 내는 횟수가 많은 아이들은 학업, 적응력, 활동성 등 모든 영역에서 점수가 낮았다. 반면 우울증 점수는 높았다. 화를 내는 부모는 아이의 행동에 부정적인 영향을 끼치고, 그것은 인생에서 매우 중요한 시기인 청소년기까지 이어진다.

그러니 아이가 무책임하고 게으르게 여겨지고, 그런 행동으로 부모에게 반항하는 것 같아도 화를 내기보다 마음을 가라앉히고 대화로 풀어야 한다. 진정성만 있다면 대화로 풀지 못할 문제는 없다.

아이에게 들려줄 이야기

구멍 난 보트

엄마와 아빠, 그리고 두 아들은 매년 여름이면 집 근처의 강으로 나가 보트 타는 것을 즐겼다. 보트 위에서 낚시도 하고 강의 한가운데까지 노를 저어 가 보기도 했다. 어느새 여름이 지나고 찬바람이 부는 가을이 왔다. 아이들은 무척 아쉬워했다.

"왜 이렇게 여름이 짧은 거야. 일 년 내내 여름이었으면 좋겠어. 그럼 물놀이를 매일 할 수 있잖아."

"그러게 말이야. 내년 여름까지 어떻게 기다린담?"

아빠는 두 아들을 다독이며 내년 여름까지 보트를 보관하기 위해 창고로 가져갔다.

"내년 여름에 타면 되니까 너무 실망하지 마. 이리 와서 아빠 좀 도와주렴. 보트가 꽤 무겁구나."

아빠와 두 아들은 끙끙거리며 보트를 옮겼다. 그런데 옮기는 과정에서 보트가 땅에 끌려 밑바닥에 구멍이 나고 말았다.

"이런, 구멍이 났네. 어쩌지?"

"아빠, 제가 보트를 수리하는 사람을 부를까요?"

아빠는 잠시 고민하더니 고개를 저었다.

"아니, 됐다. 내년 여름이 되려면 아직 멀었으니까 나중에 고치자."

아빠는 보트 수리를 나중으로 미뤘다. 가을이 지나고 겨울도 지나고 봄이 왔다. 아빠는 일을 하다가 창고에 있는 보트를 보더니 중얼거렸다.

"여름이 곧 다가오는데 보트에 페인트칠 좀 해야겠군."

며칠 뒤 아빠는 기술자를 불러 페인트칠을 부탁했다. 늦은 밤 일을 마치고 집에 돌아온 아빠는 말끔하게 페인트칠이 된 보트를 보고 만족스러웠다.

"아주 꼼꼼하게 잘해 놓았군."

어느새 봄이 가고 또다시 여름이 왔다. 두 아들은 폴짝폴짝 뛰며 소리쳤다.

"아빠, 이제 여름이니 보트 타러 가도 돼요?"

"물론이지."

아빠는 보트에 구멍이 나 있다는 사실을 까맣게 잊고 있었다. 두 아들은 보트를 끌고 강가로 갔다. 이윽고 보트가 강물 위로 둥둥 떴다. 오랜만에 다시 보트를 탄 아이들은 몹시 기쁘고 행복했다.

"와, 정말로 재미있다. 우리 저쪽으로 가 볼까?"

"그래, 좋아."

두 아들은 노를 저어 강 한가운데로 갔다. 한편, 일을 하던 아빠는 불현듯 보트에 구멍이 난 사실이 떠올랐다.

"어쩌지? 보트에 구멍이 뚫려 있는데! 내 아이들, 내 아이들!"

아빠는 허겁지겁 강으로 뛰어갔다. 뛰어가는 내내 아빠의 마음은 불안하고 두려웠다.

'큰일 났다. 아이들은 수영도 못 하는데. 혹시 강물에 빠져 허우적거리고 있는 건 아닐까?'

아빠는 거친 숨을 몰아쉬며 마구 달려갔다. 강가에 도착해 보니, 아이들이 보트를 강 가장자리로 끌어내고 있었다.

"어, 아빠! 웬일이세요?"

아빠는 두 아들을 와락 껴안았다.

"너희들 괜찮니? 정말로 괜찮아?"

"네, 우리는 괜찮은데요."

그제야 아빠는 안도의 한숨을 내쉬었다. 그리고 보트 밑바닥을 살펴보았다.

"어, 이상하다. 분명히 여기 구멍이 뚫렸었는데. 누가 이걸 고친 거지?"

그 순간, 머릿속에 페인트칠 기술자가 떠올랐다. 아빠는 바로 그를 찾아갔다.

"당신이 보트 밑바닥 구멍을 막아 놓으셨죠?"

"아, 그거요? 네, 제가 했습니다. 그런데 왜 그러시죠?"

"고맙습니다. 당신 덕분에 우리 아이들이 살았습니다. 정말로 고맙습니다. 그때 저는 페인트칠만 부탁했는데……?"

"페인트칠을 하다가 구멍을 발견했어요. 혹시나 구멍을 안 막고 타실까 봐 막아 놓았습니다. 전 그저 할 일을 했을 뿐입니다. 고맙긴요."

아빠는 페인트칠 기술자에게 고개를 숙여 다시 한 번 감사의 인사를 했다.

개념 찾기 질문

1. 아빠는 왜 보트의 구멍을 바로 막지 않았을까?
2. 나는 시간이 많다고 생각해서 할 일을 미룬 적이 있나?
3. 시간이 많지 않은데도 할 일을 미룬 적은 없나?
4. 할 일을 미루면 어떻게 될까?
5. 내가 만약 페인트칠 기술자였다면 구멍을 보고 어떻게 했을까?
6. 아무도 구멍을 막지 않았다면 어떤 일이 일어났을까?
7. 할 일을 미루면 어떻게 될까?
8. 계획을 세우면 할 일을 미루지 않는 데 도움이 될까?
9. 계획을 못 지키면 어떻게 될까?
10. 계획을 잘 지키는 방법은 없을까?

아이와 함께하는 하브루타

엄마 희연아, 이 이야기 재미있게 읽었니?

희연 네. 아이들이 물에 빠질까 봐 조마조마했어요. 그런 일이 일어나지 않아 정말 다행이에요.

엄마 엄마도 조마조마하더라. 그런데 아빠는 왜 배의 구멍을 바로 수리하지 않았을까?

희연 시간이 많이 있다고 생각한 것 같아요.

엄마 왜 그렇게 생각했던 걸까?

희연 다음 여름까지는 일 년을 기다려야 하니까 실제로 시간이 많은 거지요.

엄마 그렇구나. 그렇게 이야기하니 문득 얼마 전에 있었던 네 일이 생각나는데?

희연 (얼굴이 붉어지더니) 저도 시간이 많다고 여유 부리다가 큰코다쳤어요. 통합교과 책을 5월 4일까지 마무리하기로 했는데 시간이 많다고 "저녁에 할게요", "내일 할게요" 하며 자꾸만 미루다가 결국 어린이날에 겨우 끝냈어요. 휴일인데 하루 종일 그거 하면서 보냈어요.

엄마 맞아. 우리 딸이 그렇게 힘들까 봐 엄마가 중간중간 이야기해 주었지만 선택은 딸이 했어. 하루에 다섯 권 마무리하느라 진짜 힘들었지? 엄마라도 힘들었을 거야. 그래서 뭐 느낀 점은 없었니?

희연 우리 집 가훈 있잖아요. "오늘 할 일을 내일로 미루지 말자." 앞으로는 미루지 말아야겠어요.

엄마 그래, 멋진 생각이야. 생각에서 멈추지 말고 꼭 실천하도록 해. 그럼 네가 만일 페인트칠 기술자라면 배에 난 구멍을 어떻게 처리하겠니?

희연 구멍이 있다고 주인에게 알리겠어요.

엄마 왜 그렇게 생각해?

희연 시간이 많다고 아빠가 미뤄둔 일이잖아요. 이야기해 줘야지 스스로 고치면서 시간이 많다고 여유 부리다가는 큰일 난다는 걸 깨닫죠.

엄마 그 또한 멋진 생각이네. 네 말처럼 미리 준비할 수 있도록 알려 주는 것도 정말 좋은 방법이야. 그런데 이런 일이 일어나지 않으려면 어떻게 해야 할까?

희연 미루지 않도록 계획을 미리 세우면 될 것 같아요.

엄마 그래. 그렇게 계획을 세우고 실천하면 어떤 일이 생길까?

희연 힘들지 않아요. 그래서 저도 내일부터 미리 계획을 세워서 실천할 거예요.

엄마 우리 딸, 정말 멋지다. 엄마가 내일부터 우리 딸을 지켜봐도 될까?

희연 네. 물론이죠.

아이와 이야기를 하면서 엄마는 마음 한구석이 찡했다. 이처럼 자신의 생각이 있고 반성도 할 줄 아는 존재인데 그동안 아이를 독립된 인격체로 보지 않았다는 생각 때문이었다. 아이를 소유물로 여겨 온 것은 아닌지, 아이를 믿지 못해 자꾸만 간섭한 것이 상처를 준 건 아닌지 돌아보는 시간이었다.

늘 마음속으로 되새기는 칼릴 지브란의 시 한 구절이 떠오른다.

당신의 자녀들은 당신의 것이 아닙니다.
그들은 생명의 아들이고 생명의 딸입니다.
그들은 당신을 통하여 왔으나
당신으로부터 온 것이 아닙니다.
또한 당신과 함께 있으나 당신의 것이 아닙니다.
그들에게 당신의 사랑은 줄 수 있으나 생각은 줄 수 없습니다.

공부하기 싫어하는 아이
―――― *havruta* ――――

공부를 좋아하는 아이가 어디 있겠냐 하겠지만, 사실 공부는 즐거운 일이다. 몰랐던 것을 알아가는 기쁨, 세상에 대한 이해가 넓고 깊어지는 경험은 공부가 우리에게 주는 소중한 선물이다. 어려서부터 공부는 즐거운 것이라는 생각을 갖게 하면 아이는 훨씬 수월하게 공부해 나갈 수 있다.

우리 집 세 남매는 모두 영어를 놀이처럼 배웠다. 유아기 때부터 집안 곳곳에 카세트를 놓아두고 영어 노래를 들려주었고, EBS에서 매일 15분씩 방송하던 영어 프로그램을 녹화해 다시 보면서 노래하고 춤추며 신나게 놀았다.

「리틀 폭스little fox」라는 인터넷 영어 프로그램도 즐겁게 활용했다. 정해진 시간에 엄마와 함께 사이트에 들어가서 듣고, 따라 말하고, 게임을 했고, 혼자서도 언제든지 접속해 영어와 놀게 했다. 알라딘의 램

프 속 지니처럼, 부르면 언제든지 나타나는 최고의 원어민 선생님이 아이들을 즐겁게 해 주고 이야기도 들려주는 친절한 사이트였다.

어려서부터 놀이처럼 즐겨서인지 세 아이 모두 영어에 대한 거부감이 없었고 영어 학습지를 할 때도 지루해하지 않았다. 아이들에게 영어는 단어를 암기하고, 시험을 보고, 다시 외워야 하는 고달픈 과목이 아니라 즐겁게 춤추고 노래하며 새로운 언어를 알아가는 재미있는 과목이었다. 어린 시절부터 영어에 대해 긍정적인 감정을 가져서인지 세 아이 모두 영어는 수월하게 해냈다.

자녀를 좋은 대학에 보내는 세 가지 조건이 할아버지의 돈과 아빠의 무관심, 엄마의 정보력이라는 우스갯소리가 유행하던 때가 있었다. 진정한 정보력이란 우리 가정환경에 맞고 우리 아이에게 맞는 방법을 찾아내는 것이 아닐까. 가령 우리 집 아이들은 어려서부터 문과 성향을 보여 영어를 일찍 접해 주고 수학은 제 나이에 맞는 학습을 하게 했다. 아이가 흥미를 보이는 분야에 집중할 수 있게 도와주고 환경을 만들어 주면 자신감을 갖게 되고, 그 자신감은 흥미가 덜한 분야를 공부하는 데도 도움이 된다. 수학에 흥미가 없다면 선행학습은 큰 스트레스가 되고, 그렇게 뇌를 혹사시키면 독이 될 수 있다. 반대로 언어 쪽에 관심이 없는 아이에게 단어를 외우게 하고 강제성을 띠면 공부에 대한 거부감이 생기는 역효과가 난다. 물론 모든 분야에 흥미와 성과가 있다면 더 이상 바랄 게 없겠지만 자녀는 부모 욕심대로 되지 않는다.

자녀가 공부하기를 싫어한다면, 공부는 즐거운 것이라는 인식부터 심어 주고 동기를 부여해야 한다. 하브루타를 통해 지식이 얼마나 소중하며 공부를 왜 해야 하는지 스스로 깨닫게 할 수 있다.

아이에게 들려줄 이야기

진짜 재산

항해하는 배 안에서 있었던 이야기다. 배 안의 승객들은 모두가 큰 부자였다. 그들은 서로 자기가 가진 재산을 자랑하기에 바빴다. 그때 그 속에 끼어 있던 랍비 한 사람이 말했다.

"나는 내 재산을 당신들에게 보여 줄 수는 없지만 부자로 치면 내가 제일 부자라고 생각하오." 그때 마침 해적들이 나타나 배를 습격했고, 부자들은 금은보화와 모든 재산을 해적들에게 빼앗겨 버렸다. 해적들이 가버린 뒤 배는 가까스로 한 항구에 다다랐다. 거기서 랍비는 높은 교양과 학식을 인정받아 학생들을 모아 놓고 가르쳐 생계를 꾸릴 수 있었다.

얼마가 지난 뒤 랍비는 함께 배를 타고 여행했던 부자들을 다시 만났다. 그들은 모두가 비참한 가난뱅이로 전락해 있었다. 그들은 랍비에게 이렇게 말했다.

"당신의 말이 옳았소. 당신이 제일 부자요. 지식을 가진 사람은 모든 걸 다 가진 것과 같소."

지식은 언제 어디서라도 누구에게 빼앗기는 일이 없다. 공부가 가장 중요한 것이라는 사실이 입증되었다.

🔍 개념 찾기 질문

1. 공부가 과연 가장 중요한 것일까?
2. 부자들은 공부에 관심이 있을까?
3. 모든 부자는 공부를 제대로 했을까?
4. 재산을 다 잃었을 때 부자들은 어떤 기분이었을까?
5. 랍비는 자신에 대해 만족했을까?
6. 지식은 빼앗을 수 없는 것일까?
7. 지식은 보여 줄 수 없는 것일까?
8. 부자들이 해적을 만나지 않았다면 지식이 가장 중요한 재산이라는 것을 깨달았을까?
9. 부자도 지식이 있어야 하지 않을까?
10. 부자가 무식하면 어떻게 될까?
11. 지식을 가지려면 어떻게 해야 하나?
12. 부자이면서 지식도 가질 수는 없을까?
13. 내가 부자이면서 지식도 많이 가지고 싶다면 어떻게 하면 될까?

아이와 함께하는 하브루타

엄마   하율아, 이 이야기에 나오는 것처럼 공부가 가장 중요할까?

하율   가장 중요하진 않은 것 같아요.

엄마   그럼 무엇이 가장 중요하다고 생각하니?

하율   음…… 생명이 아닐까요?

엄마   그래, 생명이 가장 중요하지. 생명이란 살아 있는 것인데, 그럼 어떻게 살아가는 것이 좋을까?

하율   일단 아프면 안 되고요, 행복해야 해요.

엄마   오, 엄마도 네 생각에 동의해. 우리 딸은 행복한 삶이란 뭐라고 생각해?

하율   맛있는 거 많이 먹고, 여행도 많이 다니고, 친구들과 재미있게 놀고, 사고 싶은 것도 다 사고…… 그러려면 돈이 많아야겠네요. 돈이 많으면 행복할 것 같아요.

엄마   그렇구나. 그런데 이 이야기에서 보면 돈은 없어질 수도 있네. 하지만 지식은 없어지지 않지.

하율   지식은 없어지지 않아서 지식으로 돈을 벌 수도 있어요.

엄마   그래, 우리 딸은 어때? 지식이 많은 사람이 되고 싶진 않아?

하율   되고 싶죠. 무식한 사람이 되기는 싫어요.

엄마   우리 딸은 지식이 많은 멋진 사람이 되고 싶구나. 엄마도 그래. 그렇다면 어떻게 해야 지식이 많아질까?

하율   책을 많이 읽고 공부를 열심히 하면 돼요.

엄마 우리 딸과 이야기하다 보니 엄마도 텔레비전 보는 거 줄이고 책을 읽어야겠다는 생각이 드네.

하율 저도요. 공부 열심히 해서 지식을 많이 갖고 싶어요.

'공부'의 '공' 자만 들어도 인상을 쓰는 아이와 "공부해라"라는 말을 입에 달고 사는 엄마가 나눈 대화다. 엄마와 아이 모두에게 진정한 재산이란 무엇이며 그 재산을 일구고 지키기 위해서는 어떻게 해야 하는지 곰곰이 생각해 볼 수 있는 시간이었다. 하율이는 왜 책을 읽고 공부를 해야 하는지 이제야 알겠다는 표정이었다. 엄마도 아이에게 공부하라는 잔소리 대신 공부하는 모습을 보여 주어야겠다고 다짐했다.

스마트폰만 들여다보는 아이
havruta

　스마트폰을 과도하게 사용하는 것은 비단 아이뿐만 아니라 어른에게도 문제다. 만일 중독됐다면 의지만으로는 해결할 수가 없다. 그렇기에 중독이고, 중독은 질병이다. 치료를 시작해야 한다. 이런 사태까지 가기 전에 절제하는 습관을 길러 주어야 한다. 우선 스마트폰 외에 다른 재미있는 일들을 많이 만들어 주는 것이 중요하다. 부모가 같이 신나게 놀아 주거나 야외활동을 하는 시간을 늘려 주거나 책에 관심을 갖도록 유도하는 것이다.

　우리 집 막내가 여섯 살 때 일이다. 혼자 움직일 수 있는 행동반경이 넓어지면서 색다른 경험을 하기 시작했다. 아들을 데리고 슈퍼마켓을 갈 때면 그 앞의 게임기에 옹기종기 모여 앉아 있는 아이들을 볼 수 있었는데 아들이 관심을 보였다. 새로운 세상을 맛본 아이는 "엄마, 잔돈 주세요. 게임하고 올게요"라며 수시로 잔돈을 가져갔다. 때

때로 아들이 안 보여 가 보면 어김없이 게임기 앞에 앉아 있거나 다른 아이가 하는 걸 열심히 구경하고 있었다. 아이가 언제 일어날까 지켜보는 일이 잦아졌고 조금씩 걱정이 되기 시작했다.

아들은 엄마가 옆에 서 있는 것을 한참 지난 후에야 깨닫고 깜짝 놀라곤 했다. "자, 이젠 그만해야 하지 않겠니?"라고 하면 미안하고 멋쩍은 표정으로 웃었다. 항상 옆에서 기다려 주는 엄마에게 미안한 마음이 컸는지 어느 날 아들에게서 듣고 싶은 말이 나왔다.

"엄마, 게임 안 하는 방법을 가르쳐 주세요."

여섯 살 아이에게도 좋은 것과 나쁜 것을 구분할 줄 아는 생각의 힘이 있고, 나쁜 것에 빠져 있는 상태에서 벗어나고 싶어 한다. 다그치지 않고 기다려 준 엄마가 고마웠는지 아들은 예전처럼 책과 자전거, 레고를 즐기는 아이로 돌아왔다. 그 이후로도 아들은 컴퓨터 게임이나 스마트폰에 관심을 보이지 않았다. 다른 재미있는 일이 많았기 때문이다.

일과가 끝난 저녁이면 학교 운동장에서 달리기, 철봉 매달리기, 자전거 타기 등 몸을 움직이는 활동에 의도적으로 참여시켰고, 주말이면 온 가족이 영화, 뮤지컬, 음악회 등 다양한 공연을 보러 다녔다. 책과 친해지도록 애도 많이 썼는데, 책을 읽으라고 말한 적은 없다. 필요한 책은 많은데 그때마다 아이들 손 잡고 서점에 가기가 쉽지 않아서 아침에 아이들을 학교에 보내고 첫 번째로 하는 일이 인터넷 서점에서 책을 주문하는 것이었다. 책이 도착하면 책장에 꽂지 않고 거실에 슬며시 놓아두었다. 그러면 어느 순간 아이가 책에 관심을 갖고 들여다보기 시작했다. 아이들은 대개 하루나 이틀이 지나기 전에 관심을 보였지만 일주일이 지나도록 들춰보지 않기도 했다. 그래도 책을 읽으라는 말은 하지 않았다. 독서가 공부처럼 숙제처럼 느껴져서 흥미를 잃을지 몰라서였다.

독서든 운동이든 공연 관람이든 스마트폰보다 재미있는 것을 만들어 주는 것이 중요하다. 그래도 안 된다면 하브루타를 통해 자기 삶의 주인으로서 책임감을 느끼고 스마트폰 사용을 조절하는 방법을 스스로 생각하고 실천하게 할 수 있다.

아이에게 들려줄 이야기

내 탓이 아니다

「OK 목장의 결투」로 유명한 배우 커크 더글러스의 아버지는 알코올 의존증이 있었다. 어느 날 그의 아버지는 유대교 회당의 와인을 모두 마셔 버렸는데, 그것이 발각되어 문제가 되었다. 커크 더글러스의 아버지는 다음과 같이 항변했다.

"내가 손만 뻗으면 마실 수 있는 곳에 와인을 놓아둔 랍비와 교회당 담당자가 첫 번째 책임자다. 내가 알코올 의존증이 있는 걸 알고 있었으니 와인을 좀 더 신중히 관리했어야 한다. 내가 죄를 범한 책임은 저들의 관리 태만에 있다!"

🔍 개념 찾기 질문

1. 알코올 의존증이란 무엇인가?
2. 아버지의 말대로 랍비와 교회당 담당자의 책임일까?
3. 우리가 사는 사회에는 어떤 유혹들이 있을까?
4. 모든 유혹이 해로운 것일까?
5. 해롭지 않은 유혹이 있다면 어떤 것일까?
6. 해로운 유혹에 넘어갔다면 책임지는 사람은 누구일까?
7. 유혹에 넘어가는 사람과 넘어가지 않는 사람의 차이는 무엇일까?
8. 특히 아이들이 쉽게 빠지는 유혹에는 어떤 것들이 있을까?
9. 우리에게 해로운 것들을 왜 만들어 낼까?
10. 상업적으로 만들어 내는 사람들은 모두 나쁠까?
11. 모두 나쁘다면 애초에 만들 수 없도록 하는 방법은 없을까?
12. 나의 피해를 보상받는다고 모든 것이 해결될까?
13. 나의 책임은 어디까지일까?
14. 해롭다는 것을 알면서도 조절이 안 되는 이유는 무엇일까?
15. 이롭지 않은 것을 모두 없앨 수 없다면 대안은 무엇일까?
16. 나를 유혹으로부터 지키는 방법은 무엇일까?
17. 유혹을 이겨내기 힘들다면 누구에게 도움을 요청하고 싶은가?
18. 과연 내가 내 삶의 주인인가?

아이와 함께하는 하브루타

도헌 알코올 의존증만큼이나 스마트폰 의존증도 문제인 것 같아요.

엄마 그래, 요즘은 스마트폰에 중독돼 보이는 사람들이 많아. 엄마 중에도 중독된 사람들이 많단다. 조절하는 게 어른들도 쉽지 않아. 너는 어떠니?

도헌 수시로 확인하게 되니까 집중하는 데 방해가 돼요.

엄마 요즘은 스마트폰에 시간을 너무 뺏기고 있잖아. 방법이 없을까?

도헌 그렇다고 스마트폰을 안 쓸 수는 없어요. 친구와 소통이 안 되면 소외될 테고 특히 사교성이 부족한 아이는 소외감을 더 많이 느낄 것 같아요.

엄마 만약 네가 스마트폰이 없다면 어떨 것 같아?

도헌 스마트폰이 없다면 컴퓨터로 할 거예요.

엄마 시대 흐름이니까 안 할 수는 없고 하기는 해야 하는데 조절하는 게 엄마도 쉽지가 않아서 고민이야. 소통도 중요하지만 혼자서 깊이 생각하는 시간이 언제부터인가 사라져 버린 느낌이야. 온라인으로 누군가와 소통한다는 게 좋기도 하지만 고독을 통해 얻을 수 있는 것들을 놓치고 있다는 생각이 들어서 고민돼.

도헌 동감이에요. 저도 쉽지가 않아요. 시간 분배를 잘해야 할 것 같은데…….

엄마 효율적인 사용 방법을 생각해 볼까?

도헌 집에 있을 때는 스마트폰을 끄고 자기 전에 한 번 확인하는 방법을 써볼까 해요. 오늘부터 바로 실천해 봐야겠어요.

엄마 정말이야? 오늘 하브루타 한 보람이 있네. 한번 실천해 보자. 엄마도 조절해 볼게.

도헌 네, 엄마. 감사해요.

위의 짧은 이야기를 들려주고 하브루타를 하면 아이들 대부분은 스마트폰이나 온라인 게임 중독에 관해 이야기한다. 그리고 중독에 빠지기 전으로 돌아가기가 쉽지 않지만 결국은 스스로 의지를 갖고 조절하는 것이 옳다고 말한다. 스마트폰으로 하는 SNS 활동뿐만 아니라 유튜브 시청, 온라인 게임까지 중독되기 쉬운 것들에 관한 대화를 나눈 후 아이는 깨달은 바가 많아 보였다. 중독되면 뇌 구조가 변해 원래 상태로 돌아오지 않는다는 사실을 알고 경각심도 가졌다. 무조건 "하지 마라"가 아니라 같이 대화를 나누면 아이에게 도움을 주는 방법을 찾을 수 있다. 사실 누구보다 스마트폰의 수렁에서 헤어 나오고 싶은 사람은 아이가 아닐까.

약속 안 지키는 아이
havruta

이 세상에 약속이 없으면 어떻게 될까? 신호등의 빨간불에서는 서고, 초록불에서는 움직인다는 약속부터 다른 사람의 재산이나 생명을 빼앗으면 안 된다는 약속까지 사회는 수많은 약속으로 이루어져 있다. 가정에서도 마찬가지다. 가족 구성원이라면 지켜야 할 약속과 규칙이 존재한다. 그런데 부모들이 하는 흔한 실수가 자신은 그렇게 하지 않으면서 아이에게만 약속을 지키라고 강요하는 것이다. 가령 아이에게 기회를 여러 번 주는 것도 약속을 어기는 것이다.

"이번만 봐줄게. 다음부터는 안 봐줘. 알았지?"

그러나 같은 상황이 닥쳤을 때 똑같은 말을 반복한다.

"이번이 진짜 마지막이야. 다음부터는 약속 꼭 지켜!"

말로만 겁주고 행동하지 않는 것도 약속을 어기는 것이다.

"그만해! 동생 때렸으니 일주일간 게임 금지야!"

그래 놓고는 까맣게 잊어버리거나 귀찮아서 게임하는 것을 방관한다. 이런 식이라면 곤란하다. 아이에게 약속은 지키지 않아도 된다는 메시지를 은연중에 전하는 것이며, 약속을 지키지 않았을 때 감수해야 할 결과를 경험하고 그것에서 교훈을 배울 기회를 아이로부터 빼앗는 셈이다.

아이가 약속을 지키지 않을 때는 우선 부모 자신을 돌아봐야 한다. 또한 약속은 부모가 일방적으로 정하지 말고 아이와 상의해 합의점을 도출해야 한다. 그럴 때 아이는 약속을 잘 지키려는 동기가 생긴다. 약속의 중요성을 말하는 이야기를 함께 읽고 대화를 나누는 것도 좋은 방법이다.

아이에게 들려줄 이야기

생명만큼 소중한 약속

아름다운 아가씨가 가족과 함께 여행하고 있었다. 그런데 아가씨가 잠깐 혼자서 산책을 즐기다 그만 길을 잃고 말았다. 어떤 우물가에 이르렀을 때, 목이 몹시 마른 그녀는 두레박 줄을 타고 우물 속으로 내려가 실컷 물을 마셨다. 그런데 다시 올라갈 생각을 하니 앞이 캄캄했다. 그녀는 도와 달라고 크게 외쳤다. 때마침 그 옆을 지나던 한 젊은이가 그 소리를 듣고 그녀를 구해 주었다. 그것이 인연이 되어 두 사람은 곧 사랑을 맹세하는 사이가 되었다.

며칠이 지나 젊은이는 아가씨와 작별을 하고 다시 길을 떠나지 않으면 안 되었다. 두 사람은 자신의 사랑을 성실하게 지킬 것을 서로 굳게 약속했다. 하지만 젊은이는 자기들의 약속에 증인이 필요하다고 생각했다. 마침 족제비 한 마리가 숲속을 향해 가고 있었다. 그것을 보고 아가씨가 말했다.

"됐어요. 저 족제비와 이 우물이 우리 약속의 증인이에요."

그리고 두 사람은 헤어졌다. 그 후 아가씨는 사랑의 약속을 지키기 위해 결혼도 하지 않고 젊은이를 기다렸다. 하지만 젊은이는 머나먼 타향에서 다른 여자와 결혼하여 아이를 낳고 행복하게 살았다.

몇 년이 지난 뒤 젊은이가 낳은 아이가 밖에서 놀다 풀밭에 엎드린 채 잠이 들었다. 그때 어디선가 족제비 한 마리가 나타나 목을 물어 아이는 그만 죽고 말았다. 젊은이와 그의 아내는 아이를 잃고 몹시 슬퍼했다.

그렇지만 몇 년이 지나자 아이가 또 태어났고, 그들은 행복한 날을 되찾았다. 아이가 조금씩 걸을 수 있게 되었을 때, 아이는 우물가에서 놀다가 그만 우물에 빠져 죽고 말았다.

젊은이는 그때야 비로소 아가씨와 맹세했던 약속이 생각났다. 족제비와 우물을 증인으로 삼았던 일도 기억했다. 그는 아내에게 지난 일들을 고백하고 헤어진 후 아가씨가 사는 마을로 되돌아왔다.

그녀는 그때까지도 혼자 젊은이를 기다리고 있었다. 두 사람은 결혼하여 행복하게 살았다.

🔍 개념 찾기 질문

1. 약속을 잘 지키는 사람은 나중에 어떻게 될까?
2. 지키지 못할 약속을 왜 하는 것일까?
3. 약속을 잘 지키는 사람은 어떤 성격을 지녔을까?
4. 약속을 지키면 어떤 이득이 있을까?
5. 약속을 지키지 않으면 어떻게 안 좋을까?
6. 좋지 못한 약속은 어겨야 할까?
7. 무턱대고 약속을 하면 어떤 일이 일어날까?
8. 약속한다는 것은 무엇을 의미할까?
9. 약속이라는 것이 없다면 어떤 일이 일어날까?
10. 약속은 모두 지킬 수 있을까?
11. 내가 약속을 어겨서 상대방을 슬프게 한 일은 없나?
12. 엄마 아빠와의 약속은 잘 지키고 있나?
13. 중요한 약속과 중요하지 않은 약속이 있을까?
14. 우리 사회는 어떤 약속들로 이루어져 있을까?
15. 직접 약속하지 않아도 지켜야 할 약속이 있을까?

아이와 함께하는 하브루타

엄마 엄마는 이 이야기를 읽고 무서웠어. 약속을 어긴 죄로 생명처럼 소중한 자식을 둘이나 잃었잖아.

예은   아, 그건 진짜 너무한 것 같아요.

엄마   어떤 면에서?

예은   약속을 했지만 잊어버릴 수도 있고 못 지킬 수도 있잖아요. 그런데 아이들을 죽이다니 너무한 것 같아요.

엄마   그래, 그런데 남자는 왜 그렇게 큰 벌을 받은 걸까? 얼마나 잘못한 일이기에.

예은   여자의 관점에서 남자가 정말 잘못한 거죠. 결혼도 안 하고 남자만 기다렸는데. 남자는 다른 여자랑 결혼해서 행복하게 살고 있으니 얼마나 배신감이 들겠어요.

엄마   엄마라도 그랬을 것 같아. 지키지 못할 약속이라면 처음부터 하지를 말았어야 하는 게 아닐까?

예은   맞아요.

엄마   이 이야기 속의 남자처럼 약속을 함부로 하고 지키지도 않는 사람은 어떤 사람일까?

예은   거짓말쟁이? 무책임한 사람? 이런 사람은 아무도 믿지 않을 거예요. 그런데 사실 저도 그럴 때가 있어요. 약속하고 못 지킬 때가 많아요.

엄마   왜 약속을 못 지키게 되는 것 같니?

예은   엄마한테 얼마 전에 9시에 잘 준비하고 9시 반에는 자겠다고 약속했잖아요. 그런데 시간이 너무 잘 가서 9시가 금방 와요. 아직 자고 싶지 않은데 자야 할 시간이 돼요.

엄마	그런데 약속을 했잖니.
예은	네, 맞아요. 그래서 엄마가 속상해했죠. 오늘부터는 그 약속 지키려고 노력할게요. 약속을 했으니 책임을 져야죠.
엄마	우리 딸 참 대견하다. 엄마도 그동안 약속 못 지킨 거 많지? 사과할게.
예은	저도요.
엄마	우리 앞으로 약속 잘 지키겠다고 약속할까?
예은	앗, 약속은 함부로 하면 안 돼요. 생각 좀 해 볼게요.
엄마	하하. 그래.

약속을 지키지 않으면 어떤 일이 일어날지 이야기를 통해 함께 생각해 볼 수 있다. 크든 작든 약속은 반드시 지켜야 한다. 그래서 약속은 종종 생명에 비유되곤 한다. 성공적인 삶을 산 사람들이 공통적으로 강조하는 말이 바로 신뢰다. 신뢰는 약속을 중요하게 여기고 약속을 어기지 않는 데서 비롯된다. 약속을 잘 지킨다는 것은 상대방을 존중한다는 뜻이고, 관계를 소중히 하는 마음이다. 『탈무드』에 나오는 "아이에게 무언가 약속하면, 반드시 지켜라. 지키지 않으면, 당신은 아이에게 거짓말을 가르치는 것이 된다"라는 말을 되새겨 보자.

5장

배려심을 기르는 하브루타 대화법

과도하게 욕심이 많은 아이
―――――――― *havruta* ――――――――

    우리의 인성은 평화로울 때가 아니라 위급한 상황이나 이해관계가 어긋날 때 뚜렷이 드러난다. 필요가 충족되고 삶이 만족스러울 때 우리는 누구나 좋은 사람이 된다. 아무 문제가 없을 때 우리의 인성에는 아무런 문제가 없다. 하지만 살다 보면 원하는 것을 얻지 못할 때도 있고 불만스러울 때도 있다. 또한 인생의 과제를 완수하는 것은 쉬울 때보다 어려울 때가 더 많다. 이럴 때 좋은 인성이 빛을 발한다.

    어릴 때부터 배워야 할 인성은 여러 가지가 있지만, 배려야말로 가장 중요한 덕목이 아닐까 싶다. 내 욕심만 채우지 않고 양보하며 배려할 때 함께 살아가는 일이 행복해진다. 나누지 않는 삶은 공허하다. 실제로 돈을 기부하든 노동으로 봉사하든 남을 돕는 사람들은 행복하다고 말한다.

    웬만해선 싸우는 일 없이 친구들과 잘 지내는 아이가 있다. 그런데 유독 먹을 것엔 욕심을 부려 친구보다 많이 먹으려 하거나 나눠 먹으려 하지 않는다. 그렇다고 평소 잘 못 먹는 것도 아니다. 엄마는 가족의 식사에 신경을 많이 쓰고 집에는 늘 간식이 준비돼 있다.

맛있는 간식을 혼자만 먹거나 재미있는 장난감을 독차지하는 아이는 욕심쟁이로 낙인찍혀서 다른 친구들과 함께 간식을 먹거나 함께 놀 기회가 사라질지 모른다. 심하면 외톨이가 될 수도 있다. 다른 아이들도 자연스럽게 아이에게 간식을 나눠 주거나 같이 놀아 주지 않기 때문이다. 배려할 줄 아는 아이로 키우려면 '양보'와 '나눔'부터 가르쳐 보자.

아이에게 들려줄 이야기

살아 있는 바다와 죽은 바다

이스라엘의 요단강 근처에는 큰 호수가 둘 있다. 바로 '갈릴리 호수'라고 불리는 살아 있는 바다와 '사해'라고 불리는 죽은 바다다.

어느 날 한 랍비가 제자들을 데리고 산책하러 나갔다. 살아 있는 바다와 죽은 바다를 처음 본 제자들은 고개를 갸우뚱거렸다. 두 바다 모두 똑같은 요단강을 받아들이는데 경치는 완전히 반대였기 때문이다.

갈릴리 호수는 물이 맑고 깨끗해 많은 물고기가 헤엄치고 있었다. 또한 주변에는 꽃과 나무가 가득 자라서 경치가 매우 아름다웠다. 반면 사해는 물이 탁하고 물고기는 단 한 마리도 찾아볼 수 없었다. 게다가 주변에는 나무는 물론이고 풀 한 포기 자라지 않아서 몹시 삭막했다.

제자들은 랍비에게 질문했다.

"선생님, 두 바다 모두 요단강에서 흘러오는 게 정말입니까?"

제자들이 무엇을 궁금해하는지 알아차린 랍비는 빙긋이 웃으며 대답했다.

"그렇다네. 하지만 큰 차이가 있지. 물맛을 한번 보게."

제자들은 먼저 갈릴리 호수의 물을 한 모금 떠서 마셨다. 시원한 맛에 모두 감탄하며 맛있게 마셨다. 이번에는 사해의 물을 한 모금 떠서 마셨다. 그러나 삼키지 못하고 얼굴을 찡그리며 바로 뱉어 버렸다.

"선생님, 이건 완전히 소금 덩어리입니다. 똑같은 요단강에서 흘러오는 물인데 이렇게 차이가 나는 이유가 무엇인가요?"

"이 세상의 모든 바다는 물이 들어오는 곳과 나가는 곳이 있지. 그래서 살아 있는 바다는 계속 물을 흘려보내고 땅을 기름지게 할 수 있는 거라네. 그런데 죽은 바다는 그렇지 않지. 흘러들어오는 입구만 있을 뿐 나가는 출구가 없네. 이렇게 계속 자기 욕심만 채우다 보니 어떻게 되겠는가? 당연히 소금기만 넘쳐나고 물이 탁해질 수밖에 없다네."

잠시 말을 멈춘 랍비는 조용히 말했다.

"사람도 마찬가지라네. 받기만 하고 주지 않는다면 사해처럼 되게 마련이지."

🔍 개념 찾기 질문

1. 살아 있는 바다와 죽은 바다의 차이점은 무엇일까?
2. 물고기가 잘 자라려면 무엇이 필요할까?
3. 고여 있는 물웅덩이를 본 적이 있나? 어떤 느낌이었나?
4. 혹시 주변에 욕심을 내는 친구가 있나? 그런 친구를 보면 마음이 어떤가?
5. 나는 받기만 하는 사람인가, 나눠 줄 수 있는 사람인가?
6. 쩨다카('나눔'이나 '자선'을 뜻하는 히브리 말)는 무슨 뜻인가?
7. 쩨다카를 해서 어떤 친구들을 돕고 싶은가?
8. 쩨다카를 위한 용돈은 어떻게 마련하면 좋을까?

아이와 함께하는 하브루타

엄마 은우야, 이 이야기에서 살아 있는 바다와 죽은 바다의 차이점은 뭘까?

은우 살아 있는 바다는 물맛이 좋고 죽은 바다는 나빠요.

엄마 그래, 맞아. 왜 차이가 날까?

은우 살아 있는 바다는 물을 다른 데로 보내지만 죽은 바다는 물을 가지고만 있기 때문이에요.

엄마 물이 흐르지 않고 고여 있는 걸 본 적이 있니? 느낌이 어땠어?

은우 비 오고 나서 웅덩이를 본 적 있는데 물이 더러웠어요.

엄마 맞아. 고여 있는 물은 탁하고 썩은 냄새도 나곤 해. 랍비가 사람도 마찬가지라고 했는데 무슨 뜻일까?

은우 마음이 나쁘다는 뜻 아닐까요? 받기만 하고 주지 않는 사람은 마음이 나쁜 사람이에요.

엄마 혹시 친구 중에 욕심 많은 아이가 있니? 학용품을 빌려 주지 않는다거나, 장난감을 혼자만 가지고 논다거나, 간식을 나눠 먹지 않는다거나.

은우 별로 없지만 있긴 있어요.

엄마 그런 친구를 보면 어떤 마음이 들어?

은우 그런데 저도 약간 그런 것 같아요.

엄마 엄마도 은우가 친구랑 나누는 모습을 잘 못 본 것 같아.

은우 나도 안 주고 싶어요.

엄마 그래. 욕심부리는 친구한테는 나눠 주기가 싫지. 같이 놀기도 싫을 것 같아. 은우는 어때? 받기만 하는 사람이야, 나눠 줄 수 있는 사람이야?

은우 받기도 하고 나눠 주기도 하는데요, 이상하게 먹는 것 나눠 주기가 싫어요.

엄마 　왜 그럴까?

은우 　내가 좋아하는 거니까요. 좋아하는 건 양보하기가 힘들어요.

엄마 　그렇구나. 그러면 어떻게 해야 할까?

은우 　이제라도 나눠 먹으면 되지요.

아이의 답이 너무나 단순명료해서 엄마는 조금 놀랐다. 그렇다. 그동안 나누지 못했다면 지금부터 나누면 된다. 늘 그렇듯 아이들은 답을 알고 있다.

부모 말을 무시하는 아이
havruta

아이들 셋이 모두 학생이었을 때 일이다. 세 아이가 내 앞에 오더니 갑자기 돈을 내밀었다. 꼬깃꼬깃한 천 원짜리 지폐까지 포함해 40만 원이나 되었다. 무슨 영문인지 몰라 물으니 셋이서 용돈을 모아 엄마 한약을 지어 주기로 했다는 것이다. 엄마가 요즘 힘들어 보여서 자기들끼리 의논한 끝에 만장일치로 결정했으니 이의를 달지 말고 받아 달라고 했다.

셋이서 내 손을 끌고 한의원을 찾아가 보약을 지어 주었다. 어떤 약보다 나를 따뜻하고 힘이 나게 한 보약이었다.

우리 부부는 아이들에게 부모에게 효도하라거나 고마워하라고 직접 가르친 적은 없다. 하지만 아이들은 항상 엄마 아빠께 감사하다는 말을 하고 어떻게 하면 감사한 마음을 더 잘 표현할 수 있을지 생각한다. 아마도 우리 부부가 부모님께 하는 모습을 봐 왔기 때문인지도 모르고, 할머니 할아버지께 작은 선물로 사랑하는 마음을 표현하게 해서인지도 모르겠다.

아들이 어릴 때 자기보다 세뱃돈을 많이 받는 아이들이 많다고 말한 적이 있다.

"그러니? 그런데 왜 세뱃돈을 받아야만 한다고 생각해? 반대로 할머니 할아버지께 조금이라도 드리면 안 될까?"

"저는 돈을 안 벌잖아요. 나중에 커서 돈을 벌면 그때 드릴 수 있어요."

"꼭 그렇지만은 않아. 마음만 먹으면 용돈을 모아서 뭔가를 대접해 드릴 수도 있잖아?"

"그런 생각은 한 번도 안 해 봤는데 그러면 할머니 할아버지가 좋아하실 것 같아요."

이런 대화를 주고받은 뒤로 아들은 할머니 댁을 방문할 때마다 할머니 할아버지가 좋아하시는 칡냉면과 녹두전을 사서 갔다. 가서는 먼저 큰절을 하고 할머니 할아버지 손을 꼭 잡아 드렸다.

한번은 지인이 아들에게 용돈을 두둑이 주었다. 아이는 그 돈의 반을 잘 챙겨 두었다가 할머니 할아버지께 드렸다. 그런 손자의 모습을 보며 할아버지는 그야말로 격하게 칭찬을 하셨다.

"도헌아, 너는 꼭 훌륭한 대통령이 될 거야. 너처럼 훌륭한 아이가 대통령이 안 되면 누가 되겠니."(지금은 꿈이 바뀌어 "너처럼 노래를 잘하는 아이가 가수가 안 되면 누가 되겠니"라고 말씀하신다.)

큰딸과 작은딸도 대학생 때 인턴을 해서 받은 월급으로 할머니 할

아버지께 용돈을 드렸다. 한창 사고 싶은 게 많을 나이인데도 당연한 일이라며 실천하는 모습을 보면서 참 잘 자라 주었구나 하는 생각이 들었다.

요즘 자기만 생각하고 받는 데만 익숙해진 아이들이 많다. 감사할 줄 모르고 부족한 것만 탓하거나 부모 원망을 하는 아이들이(어른들도) 얼마나 많은지 모른다. 어디서부터 바로잡아야 할까? 먼저 할머니 할아버지께 받는 걸 당연시하지 말고 드리는 마음을 갖게 한다. 조부모에게 잘하는 아이는 부모 형제에게도 잘하고 타인도 배려할 줄 안다. 꼭 큰 선물이나 돈일 필요는 없다. 귤 서너 개, 호빵 몇 개라도 사서 대접할 줄 아는 아이라면 모든 사람에게 사랑받을 수 있다. 나눌 줄 아는 아이로 자라도록 도와주는 것도 부모가 꼭 해야 할 일이다.

그런데 선물보다 중요한 것이 있다. 바로 따뜻한 말이다. 부모에게 정작 필요한 것은 용돈보다 온화하고 다정한 말 한마디가 아닐까. 맛있는 음식을 대접하고 값비싼 선물을 주는 자녀보다 부모를 존중하며 부모 말을 귀 기울여 듣는 자녀가 더 고마운 법이다.

아이는 배려받아야 할 존재이지만 아이 역시 가족과 주변 사람들을 배려해야 한다. 만약 아이가 부모의 말을 못 들은 체하며 무시한다거나 불손한 말을 쓴다면, 그것은 부모를 존중하고 배려하는 태도가 아니라는 사실을 알게 한다. 진정한 효도란 무엇인지에 관해 이야기를 나누면서 아이 스스로 생각하게 하자.

아이에게 들려줄 이야기

천국에 못 간 효자

늙은 아버지를 모시고 사는 두 남자가 있었다. 그중 한 남자는 아버지에게 날마다 좋은 음식을 해 드리려고 통통하게 살이 오른 닭을 잡아 요리를 해 드렸다.
"이렇게 큰 닭을 어디서 구했느냐?"
어려운 살림을 뻔히 알고 있던 아버지는 아들에게 무척 미안해하며 말했다.
"그런 건 묻지 마시고 어서 드시기나 하세요."
아들의 말에 아버지는 입을 다물었다.
또 다른 남자는 방앗간에서 쌀을 빻는 일을 했다. 아버지에게 맛있는 음식을 해 드리지는 못하지만 하루 일이 끝나면 이런저런 이야기를 나누며 저녁 식사를 함께했다.
그러던 어느 날 왕이 전국의 방아꾼에게 모이라는 포고령을 내렸다.
"아버지, 아버지는 방앗간에서 일하세요. 제가 대신 다녀오겠습니다."
아들은 연로해서 힘이 없는 아버지를 방앗간에서 일하게 했다. 그런 다음 아버지를 대신해서 도성으로 갔다. 강제로 소집된 노동자들에게 음식도 주지 않고 부려먹는다는 것을 미리 알았기 때문이다.

시간이 흘러 두 남자는 한날한시에 죽게 되었다. 천국과 지옥의 갈림길에서 둘은 염라대왕을 만났다. 염라대왕은 누구를 천국에 보내고 누구를 지옥으로 보내야 할지 잠시 망설였다. 그러다가 방앗간에서 일하던 남자에게 말했다.

"너는 늙은 아버지를 일하게 했구나. 그러나 아버지의 말에 귀 기울일 줄 알았구나. 그 마음이 갸륵하니 천국으로 가거라."

또 다른 남자에게는 이렇게 말했다.

"너는 늙은 아버지에게 맛있는 음식만 많이 해 드렸구나. 지옥으로 가거라."

그가 억울해하며 소리쳤다.

"왜지요? 저는 맛있는 음식을 해 드리려고 가난한 형편에도 최선을 다했습니다. 때가 되면 닭도 삶아 드렸지요. 저 사람은 아버지를 부려먹었는데 천국에 가고, 저는 그렇게 효도를 했는데 왜 지옥에 가는 겁니까?"

그러자 염라대왕은 이렇게 대답했다.

"정성이 담긴 극진한 대접이 아니라면 차라리 부모를 일하게 하는 편이 낫다."

🔍 개념 찾기 질문

1. 도성에 늙은 아버지를 보냈다면 어떤 일이 생겼을까?

2. 효자는 어떤 사람을 일컫는 말일까?

3. 나는 효자일까?

4. 엄마에게 질문했는데 "넌 몰라도 돼! 그냥 시키는 대로 해!"라는 말을 들으면 어떤 기분이 들까?

5. 집에 돌아와 엄마 아빠와 이야기를 나누는 시간이 있나?

6. 진정한 효도에는 어떤 것들이 있을까?

아이와 함께하는 하브루타

엄마 제목이 '천국에 못 간 효자'네. 민수야, 효자란 어떤 사람을 말하는 걸까?

민수 부모님에게 효도하는 사람이 효자예요.

엄마 그래, 그런 사람을 효자라고 불러. 그런데 이야기 속에 나오는 사람은 자기가 효자라고 생각했는데 왜 지옥에 갔을까?

민수 사실은 효자가 아니었으니까요.

엄마 왜 그렇게 생각해?

민수 아버지를 기쁘게 하지 않았어요. 맛있는 음식을 해 드려도 아버지는 좋아하지 않았어요.

엄마 가난한 형편에 닭고기까지 대접했는데 왜 아버지는 기뻐하지 않았을까?

민수 "그런 건 묻지 마시고 어서 드시기나 하세요"라고 쌀쌀맞게 말하니까 기분이 나빴을 거예요.

엄마 그렇구나. 민수가 그 아버지라면 기분이 나빴겠니?

민수 당연하죠. 음식만 주면 다인가요? 말을 예쁘게 해야지. 아버지를 무시하는 투로 말했어요.

엄마 부모 입장에서 자식이 그렇게 말하는 건 큰 상처가 돼. 이 아버지는 음식보다 따뜻한 말을 듣고 싶었을 거야.

민수 저도 엄마한테 말을 막 했어요. 엄마도 상처받았을 것 같아요.

엄마 그래. 엄마도 너한테 무시당하고 존중받지 못하는 것 같아 상처받을 때가 있어.

민수 이제 안 그럴게요. 잘 될지 모르겠지만 노력해 볼게요.

엄마 고맙다, 우리 아들. 역시 내 아들이야.

조금만 기분이 상해도 짜증스러운 투로 얘기하고, 무슨 말을 할라치면 "됐어", "몰라", "싫어", "엄마는 아무것도 모르면서", "알았어, 알았다니까" 같은 말로 엄마의 말을 무시하는 아이와 함께 엄마는 하브루타 시간을 가졌다.

처음에는 대화를 이어 나가기가 쉽지 않았다. 하브루타를 하면서도 아이는 단답형 대답만 했고, 질문하면 모른다고만 하며 대답하지 않았다. 엄마는 문제가 무엇일까 생각하다가 평소 자신의 언어 습관에 문제가 있음을 깨달았다. 엄마 자신이 필요한 말(잔소리) 외에는 말이 별로 없었고 유도성 질문을 했다. 정답을 정해 놓고 원하는 대답을 유도하는 식이었다. 말과 표정, 몸짓 등 비언어적 표현이 일치하지 않을 때도 많았다. 엄마는 직접 아이를 비난하지는 않지만 교묘하게 아이를 탓하고 죄책감을 불러일으키는 말을 한다는 사실도 깨달았으며 아이의 말을 건성으로 듣거나 공감을 표하지 않는다는 것도 알았다.

엄마는 진정성을 가지고 다시 대화를 시도했다. 아이도 엄마의 변화를 느끼고 마음을 열었다. 아이는 하브루타를 통해 이야기 속 인물에 자신을 대입하면서 깨달은 점이 많았다. 그리고 변화하기 시작했다. 무엇보다 엄마가 먼저 변했기에 가능한 일이었다.

형제와 사이가 나쁜 아이
―― *havruta* ――

　누구나 둘째 아이를 낳을 때는 첫째와 사이좋게 지내며, 자라면서 서로 의지하고 좋은 영향을 끼치기를 기대한다. 그러나 부모의 바람과는 달리 형제 사이가 좋지 않은 경우가 적지 않다. 무엇보다 큰아이를 잘 키우는 것이 중요하다.

　부모의 관심과 사랑을 독차지하다가 동생이 생기면 첫째는 박탈감과 상실감을 느낄 수 있다. 게다가 형이니까 양보하라는 말을 자주 듣는다면 동생에 대해 부정적으로 생각할 수밖에 없다. 왕의 자리를 빼앗아간 동생이 밉고 그래서 괴롭히고 싶은 마음이 든다. 이런 형 밑에서 동생 역시 형을 싫어하게 되는 것은 당연하다.

　부모는 첫째의 박탈감을 이해해 주고 첫째의 지위를 인정해 주어야 한다. 동생은 할 수 없는 일을 과제로 준 후 잘 해내면 "동생이라면 못 했을 텐데 형이라서 잘하는구나. 우리 아들 다 컸네" 하며 자부심을 느낄 만한 말을 많이 해 주면 좋다. 때로는 시간을 내어 첫째하고만 보내면서 사랑받고 있다는 느낌을 주는 것도 도움이 된다.

유대인들은 첫째 자녀의 지위와 영역을 인정하고 동생들에게도 그렇게 하도록 교육한다. 그리고 첫째를 잘 키우는 일의 중요성을 잘 안다. 첫째에게 공을 들여 좋은 습관이 자리 잡도록 하면 둘째, 셋째는 훨씬 수월하게 좋은 습관을 만들어 줄 수 있다. 첫째가 롤모델이 되기 때문이다. 첫째가 책을 읽고 있으면 동생도 옆에 앉아 책을 읽고, 언니나 형이 매일 일기 쓰는 모습을 보면서 동생은 일기 쓰는 것을 당연하게 생각한다. 집안일을 돕고 부모에게 존댓말을 쓰는 큰아이를 보면서 동생도 집안일을 돕고 부모에게 존댓말을 쓰는 아이가 된다.

고백하건대 우리 집 첫째는 실험 대상이었다. 태어나 처음 해 보는 육아는 젊은 엄마에게 혼돈 그 자체다. 당황하고, 놀라고, 화나고, 힘들고, 불안하고, 아이를 자연스럽게 받아들이기까지는 시간이 걸린다. 그래서 많은 산모가 우울증에 시달리기도 한다. 나 역시 우왕좌왕하며 첫째를 키웠는데 다행히 잘 자라 주어 큰아이 역할을 톡톡히 하고 있다. 동생들에게는 또 하나의 엄마 같은 존재다.

아들이 고등학교 2학년 때였던 것으로 기억한다. 울적한 얼굴로 누나에게 말했다.

"누나, 아직도 내가 어떤 사람이 되고 싶은지 잘 모르겠어. 그래서 불안해."

큰딸은 부드러운 목소리로 동생을 위로했다.

"그렇구나. 그런데 너무 걱정하지 마. 대학을 졸업하고 직장을 다니고 있는 누나도 아직 어떤 사람이 되고 싶은지 찾지 못했어. 그리고 엄마도 49세에 진짜 좋아하는 일을 찾아서 행복하게 일하고 계시잖아."

아들은 고개를 끄덕였다. 한결 편안해진 모습이었다. 첫째의 역할을 잘해 주는 큰딸을 보며 참 고마웠다. 성격도 취향도 무척 다른 세 아이가 서로 아끼며 돈독하게 지내는 것은 큰아이의 공이 크다.

사이좋게 지내지 못하는 자녀들을 보는 것은 부모로서 무척 괴롭고 힘든 일이다. 왜 만날 싸우냐고 야단만 칠 게 아니라 형과 동생을 따로 불러 이야기를 나누면서 둘 사이를 중재해 보는 것은 어떨까.

아이에게 들려줄 이야기

줄지 않는 창고

옛날 이스라엘에 두 형제가 살고 있었다. 형은 결혼하여 아내와 아이까지 낳았고 동생은 아직 결혼 전이었다. 두 사람 다 부지런한 농부였다. 아버지가 돌아가시자 재산을 둘이 나누었다. 둘은 사과와 옥수수를 수확하자 공평하게 반으로 나누어 자기들의 창고에 넣었다.

밤이 되자 동생은 생각했다.

'형은 가족이 있어서 생활이 어려울 거야. 내 몫을 좀 가져다주어야지.'

동생은 형의 창고에 상당한 양의 사과와 옥수수를 몰래 가져다 놓았다.

그런데 형도 같은 생각을 했다.

'나는 아내와 아이가 있으니까 걱정 없지만 동생은 혼자 사니까 비축을 해 두어야 할 거야.'

형은 사과와 옥수수를 동생의 창고에 옮겨다 놓았다.

아침이 되어 형제가 각자 창고에 가 보니 수확물이 조금도 줄지 않고 그대로 있었다. 다음 날에도 형과 동생은 사과와 옥수수를 상대방의 창고로 나르다가 도중에 마주치고 말았다.

두 형제는 얼마나 서로를 마음으로부터 생각하고 있는지를 알게 되었다. 두 형제는 농작물을 그 자리에 내려놓은 채 부둥켜안고 감격의 눈물을 흘렸다. 그 장소는 지금도 예루살렘에서 가장 고귀한 곳으로 불리고 있다.

개념 찾기 질문

1. 형과 동생 중에 누가 더 수확물이 필요할까?
2. 왜 직접 주지 않고 창고에 몰래 가져다 놓았을까?
3. 형제간에 사이가 좋다는 건 무엇일까?
4. 사이좋은 형제는 어떤 점이 좋을까?
5. 형제간에 사이가 나쁘다는 건 무엇일까?

6. 사이가 나쁘면 어떤 일이 벌어질까?

7. 이 이야기 속의 형제는 어떻게 우애를 갖게 되었을까?

8. 형제간에 사이좋게 지내려면 어떻게 해야 할까?

9. 사이가 좋아졌다가 다시 나빠질 수도 있을까?

10. 형제는 꼭 사이가 좋아야 할까?

서로 싫어한다고 오해한 형제

어린 형제가 있었다. 둘이 서로를 미워하는 정도가 상담 치료를 받아야 할 만큼 심각했다. 둘이 언제부터 그렇게 미워하게 되었는지 자신들도 모르겠다고 했다.

많이 알려진 이야기가 하나 있다. 우애 깊은 형제가 서로의 창고에 수확한 작물을 몰래 가져다 놓았다는 이야기. 우리 초등학교 교과서에 비슷한 이야기가 실리기도 했고, 『탈무드』에도 있는 이야기다. 아이들에게 각각 이 이야기를 들려주고 먼저 동생에게 물었다.

"형이 있어서 좋겠다. 한 살 차이니까 많은 것을 서로 같이할 수 있잖아."

"저는 형이 없었으면 좋겠어요. 정말 도움이 안 돼요. 형 때문에 자주 혼나기만 하고 진짜 싫어요."

"형이 싫구나. 그렇다면 형이 잘못한 일을 기억해 볼래?"

"음, 형이 엄청나게 크게 잘못한 일은 없는 것 같아요. 그런데 저는 형이 저를 싫어한다고 생각해요. 그러니까 저도 싫어하는 거고요."

이번에는 형에게 물었다.

"동생이 잘못한 일을 기억해 볼래?"

"갑자기 생각하려고 하니까 잘 모르겠어요. 기억이 안 나요. 그런데 어쨌든 걔가 싫어요."

"왜 싫어하는데? 특별히 큰일이 있었던 것도 아닌 것 같은데······."

"나를 싫어하니까 나도 싫어하는 거예요."

"그렇다면 둘이서 계속 오해를 하고 있을 수 있겠구나. 네 동생도 네가 싫어하니까 자기도 싫어하는 거래."

"정말요? 진짜 그렇게 말했어요?"

오해만 풀리면 잘 지낼 수 있겠다는 생각이 들었다. 이번에는 다시 동생을 불러 물었다.

"너는 형에게 어떤 동생이니?"

"별로 좋은 동생은 아니죠. 서로 성격이 너무 달라서 한 가지도 같은 게 없어요. 그래서 형에게 관심을 안 가져요."

"그렇게 사이가 안 좋으면 여러모로 불편하겠다."

"지금은 서로 그림자 취급을 하니까 불편할 것도 없어요."

"공통 관심사도 없니?"

"네. 형은 서바이벌 게임을 좋아하고 저는 컴퓨터 게임을 좋아해요."

"부모님이 뭐라고 안 하시니?"

"이제는 포기하신 것 같아요. 모르는 체하시는 것 같기도 하고요."

"부모님이 아주 속상하시겠다."

"엄마 아빠도 서로 필요한 얘기만 하고 사세요. 그게 편하신가 봐요."

집안 분위기 자체가 대화가 없는 가정이었나 보다. 하지만 무엇보다 아이들이 오해를 풀고 화해하도록 하는 게 우선이었다. 형에게 물었다.

"그렇구나. 참 안타깝다. 너는 이 이야기 속의 형제에 대해 어떻게 생각하니?"

"저희랑 전혀 다르네요. 저흰 한집에 있어도 하루 종일 말 한마디 안 하고 지내거든요. 이제 불편한 것도 없어요. 라면 한번 같이 끓여 먹어 본 적 없어요. 그런데 이렇게 사는 게 편해요."

어느 형제가 화목하게 지내고 싶지 않을까. 말은 편하다고 하지만 실제로는 불편하고 힘들 것이다. 평범한 일상을 함께 나눌 수 없다는 것은 무척 안타까운 일이다.

"형제가 남처럼 지내고 있다니 참 안타깝다. 서로 싫어할 이유가 없다면 잘 지낼 수 있지 않을까?"

"…… 네."

"오늘 집에 갈 때 동생 음료수 하나 사다 주지 않을래?"

"동생이 놀랄 텐데요."

"그래, 놀라겠지. 하지만 기분 좋게 놀라겠지. 네가 그렇게 하면 동생 마음이 얼음 녹듯이 녹아서 분명 형한테도 작은 선물을 할 거야."

형이 머쓱해하며 음료수를 하나 사서 집으로 갔다. 다음 시간에 동생에게 물었더니 형이 음료수를 주기에 깜짝 놀랐단다. 그래서 자기도 라면을 끓여서 형에게 같이 먹자고 얘기했고, 정말 오랜만에 같이 라면을 먹으면서 어색한 대화를 시작했다고 한다. 작은 오해 때문에 금이 간 형제애는 작은 일로 회복되기도 한다. 형제는 남이 아닌 한 부모에게서 태어난 혈육이자 또 다른 나일 수도 있다.

두 아이는 그 뒤로 함께 라면도 끓여 먹고 영화도 같이 보는 등 지극히 일상적인 일들을 같이하기 시작했다. 시간이 걸리겠지만 조금씩 마음의 문을 열고 서로에게 관심을 보이며 작은 질문과 대화를 해나간다면 서서히 정이 쌓여 갈 것이다.

툭하면 친구와 싸우는 아이
havruta

"아이들은 싸우면서 큰다"라고 한다. 맞는 말이다. 단, 화해의 과정을 거치고 그 싸움에서 얻는 교훈이 있을 때 한해서다. 아이들이 싸우는 이유는 여러 가지다. 행동형과 규범형 아이처럼 성향이 맞지 않아 의도치 않게 충돌하는 경우도 있고, 공격성이 높은 아이가 싸움을 유발하기도 한다. 이를테면 활동적이고 에너지가 넘치는 행동형 아이가 활개를 치다가 실수로 친구를 쳤는데 규범형 아이는 그것을 고의로 때렸다고 해석해 싸움이 일어날 수 있다. 또는 다른 아이들보다 공격성이 높은 아이도 분명히 있다.

만약 아이가 공격 성향이 있다면 부모는 자신을 돌아볼 필요가 있다. 대부분 부모는 친구와 사이좋게 지내고 남을 배려하고 나눔을 실천하라고 아이를 가르친다. 또한 자녀를 사랑하며 헌신적으로 돌보고 뒷바라지한다. 그런데 한 연구에 따르면, 아이의 정서적 안정에 더 큰 영향을 끼치는 것은 아이와 부모의 관계가 아니라 부부 사이의 관계였다. 즉 부부가 서로 사랑하는 것이 아이에게는 가장 좋다.

아이가 친구들과 잘 지내지 못하고 싸움을 일으키며 공격성이 높다면 부부 사이를 먼저 돌아볼 필요가 있다. 엄마 아빠가 사이가 나쁜데 아이가 친구들과 사이좋게 지낼 수 있을까? 그래도 좋은 소식이 있다. 또 다른 연구에 따르면, 부모가 다투더라도 원만하게 해결하는 모습을 본 아이들은 부정적인 영향을 받지 않았다. 어쩔 수 없이 아이에게 싸우는 모습을 보였다면, 진심으로 사과하고 화해하는 모습을 꼭 보여 주어야 한다.

아이와의 관계보다 중요한 것이 배우자와의 관계다. 이 점을 잊지 말고, 하브루타를 통해 친구와 잘 지내는 법에 대해 충분히 대화를 나눈다면 아이는 자신을 돌아볼 기회를 가질 수 있을 것이다.

아이에게 들려줄 이야기

싸워서 뭐해

구름 한 점 없고 바람도 불지 않아 무덥기 짝이 없는 여름날이었다. 숲속에 사는 동물들은 모두 더위에 지쳐 숨을 헐떡거렸다. 나뭇잎들도 더위를 견디다 못해 축 늘어졌다. 사자와 멧돼지가 갈증을 참지 못하고 숲속에 있는 작은 샘물을 찾아갔다. 샘물은 작지만 아주 시원했다.

"아이고 더워. 시원한 물을 실컷 마시면 살맛이 좀 나겠지?" 하며 멧돼지가 샘물을 마시려고 했다.

"비켜! 내가 더 크니까 내가 먼저 마셔야 해!"

사자가 멧돼지를 떠밀고 자기가 먼저 마시려고 했다.

"뭐라고? 그런 엉터리 같은 말이 어디 있어. 내가 먼저 왔으니까 내가 먼저야."

사자와 멧돼지 사이에 싸움이 일어났다. 둘은 서로 으르렁거리며 무섭게 싸웠다.

"좋아! 누가 이기나 끝까지 한번 해 보자."

멧돼지와 사자는 그렇게 한참 동안 싸웠다. 싸우느라 둘은 더욱 기진맥진이 되었다. 둘은 잠깐 숨을 돌리려고 하늘을 쳐다봤다. 하늘에는 까마귀와 독수리가 몰려와 빙빙 날고 있었다. 이를 본 멧돼지가 사자에게 말했다.

"우리가 싸우다가 죽으면 까마귀와 독수리만 좋은 일 시키는 거 아니겠니? 그러니 우리 싸우지 말고 사이좋게 샘물을 마시는 게 어때?"

"그게 좋겠어."

멧돼지와 사자는 싸움을 멈추고 함께 샘물을 마셨다.

🔍 개념 찾기 질문

1. 싸움을 해 본 적이 있나?

2. 싸움의 끝은 어땠나? 화해를 했나?

3. 친구와 싸운 후 어떤 결과가 있었나?(선생님이나 부모님에게 혼이 나면 어떤 느낌인가?)

4. 싸움의 종류에는 어떤 것들이 있나?

5. 싸움은 왜 일어날까?

6. 싸워서 이기면 기분이 좋은가?

7. 이 이야기에서 누가 먼저 물을 마셔야 한다고 생각하나?

8. 몸이 크다고 물을 먼저 마셔야 한다는 사자가 옳은가?

9. 멧돼지와 사자가 싸우지 않고 물을 마실 방법은 없을까?

10. 싸우면 결국 누가 손해를 보게 될까?

11. 싸우지 않으려면 어떻게 해야 할까?

아이와 함께하는 하브루타

엄마 생각해 보면 싸움은 끝이질 않는 것 같아. 아이들도 어른들도 심지어 나라 간에도 싸움이 일어나곤 해. 그런데 싸움은 왜 일어날까?

윤지 이 이야기에서는 서로 물을 먼저 마시려고 싸웠어요.

엄마 그래. 우리 딸은 어떨 때 싸우게 돼?

윤지 친구가 말을 기분 나쁘게 하거나 놀리거나 하면 화가 나서 싸우게 돼요.

엄마 정말 화나겠다. 속도 많이 상하고. 엄마도 그런 상황에선 화가 날 거야. 하지만 싸우는 것 말고 다른 방법을 생각해 볼 수도 있을 것 같아. 화내지 않고 내가 화가 난 걸 표현하는 방법은 없을까?

윤지 '네가 그렇게 말해서 나는 화가 나. 앞으로는 그런 말 하지 말아 줬으면 좋겠어'라고 말로 해도 될 것 같아요.

엄마 그래, 좋은 방법인 것 같다.

윤지 하지만 화가 나는데 화를 안 내기가 힘들어요.

엄마 맞아. 화를 절제하기란 힘들지. 하지만 싸우는 것도 힘들지 않을까?

윤지 이 이야기에서 보면 서로 싸우느라 더운데 물도 못 마시고 힘만 들었어요.

엄마 그래, 결국 독수리들에게 좋은 일 시킬 뻔했어. 그걸 깨닫고 싸움을 멈췄으니 멧돼지와 사자는 현명했지.

윤지 싸우는 건 정말 소용없는 짓 같아요. 기분이 더 나아지지도 않고요. 오해한 게 있으면 풀고 잘못한 게 있으면 사과하는 게 마음이 편해요.

엄마 엄마도 동감이야.

'어부지리漁父之利'라는 말이 있다. 황새와 조개가 싸우는 틈을 타서 어부가 그 둘을 모두 잡을 수 있었다는 이야기다. 정작 둘에게는 아무 이익도 없다면 굳이 싸울 필요가 없다. 싸워 봤자 기분이 좋아지지도 않고 얻는 것도 없다는 걸 안다면, 친구와 사이좋게 지내는 방법을 조금씩 찾아갈 수 있을 것이다.

욕하는 아이
havruta

요즘 아이들은 입에 욕을 달고 사는 것 같다. 친근함의 표현으로 혹은 유머의 소재로 사용하기도 하지만 내면에 쌓인 부정적 감정을 해소하기 위해 욕을 하기도 한다. 시대의 흐름이려니 하고 이해할 수도 있지만 아이에게 올바른 언어 습관을 갖게 하는 것은 중요하다. 『욕하는 내 아이가 위험하다』를 보면 욕은 좀 더 극단적인 분노 표출로 발전하는 과도기라고 말한다. 아직 욕만 사용하는 상태라고 안심해서는 안 된다는 것이다. 욕은 신체적 폭력, 인터넷 중독, 약물 중독, 왕따 같은 좀 더 진화된 단계로 접어들기 직전의 상태라고 경고한다.

그냥 둘 수도 없지만, 그렇다고 과도하게 반응해서도 안 된다. 아이가 욕을 할 때는 우선 아무런 반응을 보이지 말아야 한다. 부정적인 반응이라도 아이의 관점에서는 관심을 받은 것이고, 욕설의 힘을 확인하는 셈이 되기 때문이다.

나이가 어릴수록 욕구 조절이 안 되거나 관심을 끌기 위해서 욕을 한다. 어른들처럼 저주의 마음을 품고 하는 것이 아니다. 그렇기에 혼을 내기보다는 다른 좋은 행동에 대한 칭찬을 통해 '나는 좋은 아이야'라는 생각이 들 수 있도록 하는 것이 좋다. 나이가 더 많은 아이라면 욕에 국한하지 않고 '잘못'과 '죄'에 대해 생각해 보게 하는 것이 도움이 된다.

누구나 자신의 문제를 직접 지적하면 반발심이 생겨 수긍하거나 인정하기가 쉽지 않다. 하브루타가 필요한 이유이기도 하다. 하브루타는 직접 잘못을 지적하거나 일방적으로 조언하지 않는다. 한 편의 이야기를 놓고 서로 질문하고 대답하면서 상대방의 생각을 경청하고 토론한다. 그러다 보면 거부감 없이 자신의 고민과 문제점에 접근할 수 있으며 숨겨둔 생각을 드러낸다.

문제를 직접 다룸으로써 부담을 주고 마음의 문을 닫게 하는 대신, 하브루타는 이야기 속에 자신을 투영함으로써 자연스럽게 마음을 열고 스스로 변화의 동기를 찾게 한다.

아이에게 들려줄 이야기

죄 없는 자만 씨를 뿌려라

한 남자가 도둑질을 하다가 왕 앞에 잡혀 와 교수형을 선고받았다. 그는 교수대로 끌려가면서 사형 집행인에게 자기가 아주 놀라운 비밀을 알고 있으며 그 비밀을 자기만 간직한 채 죽는다면 유감이니 왕에게 직접 말하고 싶다고 했다.

"내가 땅에 석류나무를 심어 놓으면 아버지에게서 배운 비밀스러운 방법으로 하룻밤 사이에 그것을 자라나게 해 열매를 맺게 할 수 있습니다."

사형 집행인이 왕에게 가서 말을 전하자 왕은 다음 날 여러 중신을 거느리고 도둑이 기다리는 곳으로 왔다. 그곳에서 도둑은 구멍 하나를 파고 말했다.

"이 씨앗은 오직 지금까지 아무것도 훔치거나 자기에게 속하지 않은 물건을 취한 적이 없는 사람만이 땅에 심을 수 있습니다. 저는 도둑이라 이 씨앗을 심을 수 없습니다. 총리대신님이 심어 보시지요."

그러자 총리대신은 겁에 질린 표정으로 자기가 젊었을 때 남의 것을 가진 적이 있다고 말했다. 도둑이 재무담당 관리를 쳐다보자 그는 자기가 아주 많은 돈을 다루고 있다며 장부를 쓸 때 너무 많은 금액을 적어넣거나 너무 적은 금액을 적어넣었을지도 모른다고 대답했다.

"왕께서 심어 보시겠습니까?"

도둑의 말에 왕마저도 자기가 아버지의 목걸이를 슬쩍한 적이 있다고 실토했다. 그러자 도둑이 말했다.

"여러분은 모두 권력 있고 힘 있는 분들입니다. 아무것도 부족한 것이 없는 분들인데도 씨를 심을 수가 없습니다. 그러나 배가 고파 굶어죽을 지경에 이른 저는 조그마한 것을 훔치다가 교수형을 당하게 되었습니다."

이 말을 들은 왕은 도둑의 재치를 높이 사 그를 풀어 주었다.

개념 찾기 질문

1. 죄란 무엇을 말하는가?
2. 도둑질했다고 교수형을 시키는 것은 과한 형벌인가?
3. 남의 물건에 한 번이라도 욕심을 내거나 자신도 모르게 가져온 적은 없는가?
4. 권력을 가지고 있는 사람들은 죄를 더 많이 짓지 않을까?
5. 세상에서 가장 큰 죄가 있다면 어떤 죄일까?
6. 우리는 사소한 죄라도 매일 짓고 있지 않을까?
7. 죄를 지어 놓고도 의식을 못 하는 사람은 왜 그럴까?
8. 용서할 수 없는 죄가 있을까?
9. 죄를 용서하지 않는다면 힘들지 않을까?
10. 용서하지 않는다고 달라지는 게 있을까?
11. 장발장처럼 죄보다 형벌이 과하면 더 나쁜 사람이 되지 않을까?
12. 작은 죄를 서로 용서해 주면 행복할까?
13. 가족끼리 작은 일에도 싸우고 용서해 주지 않는다면 행복한 가족이

라 할 수 있을까?
14. 내가 지은 죄를 너그럽게 이해해 준다면 상대방이 어떻게 보일까?
15. 생각으로 지은 죄도 죄가 될까?
16. 죄를 짓지 않고 살 수 있을까?
17. 죄를 짓지 않으려면 평상시 어떤 마음으로 살아야 할까?
18. 살면서 죄를 한 번도 짓지 않은 사람이 있을까?
19. 죄를 짓더라도 반성하고 회개하면 죄를 짓는 횟수가 줄어들지 않을까?

처음으로 죄에 대해 생각한 아이

행동이 앞서는 초등학교 6학년 남자아이가 있다. 아이는 학교에서 하루도 혼나지 않는 날이 없다. 더군다나 사춘기가 왔는지 선생님이나 친구와도 잘 지내기가 쉽지 않아 보였다. 매일 혼나고 벌 받기를 반복하면서 무엇을 잘하고 잘못한 일인지조차 생각하기 싫어하는 눈치였다. 무조건 반항하고 그냥 혼나고 또 잘못하고 혼나고, 악순환의 반복이었다.

아이가 왜 이러는 것일까. 아이는 자기는 잘못이 없는데 선생님이 자기를 싫어하니까 매일 혼나는 것이라고 생각했다.

"오늘은 선생님하고 잘 지냈어?"

"아니요, 오늘은 선생님 앞에서 욕했어요."

"선생님께 욕을 했다고? 선생님은 뭐라고 하셔?"

"교육청에 신고하겠대요."

"그래서 너는 뭐라고 했는데?"

"신고하라고 했어요."

이 아이에게 도움이 될 만한 『탈무드』 이야기 「죄 없는 자만 씨를 뿌려라」를 들려주었다. 그런 다음 질문을 하며 서로 생각을 나누었다.

"죄란 무엇이라고 생각하니?"

"나쁜 짓 하는 거요. 물건을 훔치거나 사람을 때리거나 거짓말 하는 거요."

"그렇다면 그런 죄 중에서 가장 큰 죄는 무얼까?"

"음, 살인이요."

"그래. 그럼 작은 죄는?"

"거짓말? 욕하는 거?"

"우리는 매일 사소한 죄를 짓고 있는 건 아닐까?"

"아무래도 그렇죠. 거짓말도 하고 욕도 하니까요. 그런데 그게 죄라고 생각한 적은 없는 것 같아요."

"그래? 죄를 짓고도 그게 죄라고 의식 못 할 수도 있지. 왜 그럴까?"

"별거 아니라고 생각해서가 아닐까요? 아니면 습관이 돼서? 상대방이 잘못했기 때문에 그래도 된다고 여길 수도 있고요. 그런데 생각해 보니 자기가 잘못하는 걸 모를 수는 없을 것 같아요. 알면서도 하는 거죠."

대화는 두 시간 가까이 이어졌다. 아마 아이가 '죄'에 대해 이렇게 깊고 폭넓게 생각해 본 적은 처음일 것이다.

하브루타가 끝나갈 무렵 아이가 말했다.

"제가 오늘 죄를 지었어요. 잘못했어요. 선생님께 욕한 것은 나쁜 짓이었어요."

아이들에게 어떤 생각을 강요하기보다는 스스로 깊게 생각할 시간, 그리고 서로 생각을 나눌 하브루타 짝이 필요하다. 하브루타는 꼭 부모와 자녀 사이에 할 수 있는 것이 아니다. 선생님과도, 친구와도 할 수 있다. 대상이 누가 됐든 대화를 통해 자기 생각을 키울 수 있는 것이 하브루타다. 일방적이지 않고 쌍방을 전제로 하는 것이므로 자신의 말을 잘 들어주고 공감해 주는 사람이면 충분하다.

6장

도전정신을 기르는 하브루타 대화법

무기력한 아이
havruta

　친구나 부모와의 관계가 나쁘지도 않고 특별한 문제가 없는데도 무기력한 아이들이 있다. 학교도 가고 학원도 다니지만 의욕을 보이는 일이 없다. 하고 싶은 일도 없고 되고 싶은 것도 없다. 성인이나 청소년기에 나타나던 무기력증이 아이들에게도 나타나 심리 상담을 받는 사례가 늘고 있다. 보통 무기력증은 우울감과 같이 오기 때문에 일상생활이나 관계, 사고력에 안 좋은 영향을 미친다. 도대체 왜 무기력한 걸까? 비만 등 건강에 문제가 있다든지 숨겨진 심리적 문제가 있다든지 원인은 다양하다. 부모의 양육방식이 문제일 수도 있다.
　부모는 자신도 의식하지 못하는 사이에 아이에게 무기력을 학습시키곤 한다.
　"넌 너무 어려서 형들이랑 축구 못 해."
　"너희들끼리만 놀러 간다고? 제대로 찾아갈 수나 있겠어?"

"혼자 하는 건 위험해."

아이가 실패하고 다치고 좌절하고 위험에 처할까 봐 부모들은 아이의 시도를 가로막는다. 혹은 아이 혼자 하면 시간이 너무 오래 걸리거나 아이가 벌여놓은 난장판을 수습해야 하거나 실망한 아이를 달래줘야 하는 것이 귀찮아서 위험한 일이 아닌데도 못 하게 막는다.

"그렇게 하면 안 돼", "넌 그거 못 해"라는 말을 자주 듣는 아이는 자신을 무력한 존재로 여기게 된다. 자신은 할 수 없다고 믿기 시작한다. 결국은 조금만 벅찬 일을 만나도 다른 사람에게 맡겨 버린다. 연습하면 충분히 할 수 있는 일까지 말이다.

그렇다고 아이가 원하는 모든 일을 허용할 수는 없다. 위험이 뻔히 보이는데도 말리지 않는다면 부모로서 직무 유기다. 그렇다면 대체 어떻게 해야 할까?

이렇게 질문할 수 있다.

"엄마는 네가 형들이랑 축구를 하다가 다칠까 봐 걱정돼. 저렇게 큰 형이 태클을 걸면 어떻게 될 것 같아?"

"축구 말고 관심 있는 운동은 뭐가 있니?"

"운동장에서 친구들이 야구 시합을 하던데, 같이 놀자고 해 볼까?"

이런 식으로 대화로 풀어 가면 아이에게 무력감을 주지 않으면서 대안을 찾게 할 수 있다.

아이의 날개를 꺾는 것은 대부분 부모일 때가 많다. 날개를 활짝 펴고 날아가려 할 때마다 그것이 꺾인다면 아이는 하늘을 날 생각조차 하지 않을 것이다.

아이에게 들려줄 이야기

다섯 부류의 승객

한 척의 배가 항해를 하고 있었다. 배는 갑자기 폭풍우를 만나 파도에 밀려 항로를 잃고 말았다. 아침이 되자 바다는 다시 조용해졌고 멀리 아름다운 포구가 있는 섬이 보였다. 배는 섬으로 다가가 포구에 닻을 내렸고 그곳에 잠시 머물렀다.

섬에는 진귀하고 아름다운 꽃들이 만발해 있었다. 먹음직스러운 과일이 주렁주렁 달린 나무와 온갖 새들이 아름다운 목소리를 자랑하고 있었다.

의도치 않게 섬에 도착한 승객들은 다섯 부류로 나뉘었다. 첫 번째 부류의 사람들은 자신들이 섬에 머무는 동안 순풍이 불어 갑자기 배가 떠날까 봐 우려했다. 그래서 아름다운 섬을 구경할 생각조차 하지 않고 배가 빨리 목적지로 떠나기만을 바라면서 배에 그대로 남았다.

두 번째 부류는 서둘러서 섬으로 내려가 감미로운 꽃향기도 맡고, 시원한 나무 그늘에 앉아 맛있는 과일도 실컷 따 먹으면서 기운을 되찾은 다음 즉시 배로 되돌아왔다.

세 번째 부류는 섬에 내려가 아주 오랫동안 즐겼으나, 갑자기 순풍이 불어오는 것을 알고는 배가 출발할까 봐 허겁지겁 달려왔다.

네 번째 부류는 순풍이 불어와 선원들이 닻을 걷어 올리는 것을 보면서도 서둘러 돌아오지 않았다. 돛을 달리면 시간이 꽤 걸릴 테고 선장이 설마 자신들을 버려두고 떠나기야 하겠냐면서 그대로 섬에서 즐기고 있었다. 그러나 막상 배가 포구로부터 미끄러져 나가기 시작하자 허둥지둥 물에 뛰어들어 헤엄을 친 다음에야 간신히 배에 올라탔다.

다섯 번째 부류는 섬에 내려가 경치에 도취되어 먹고 즐기느라 배가 출항하는 것조차 몰랐다. 그들 중 일부는 숲속 맹수에게 죽임을 당하기도 했고, 또 일부는 독이 있는 열매를 따 먹어 병이 들기도 해서 결국은 모두 죽게 되었다.

🔍 개념 찾기 질문

1. 나는 인생이라는 항해에서 내 배의 선장인가?
2. 나는 어디로 항해하고 있나?
3. 내 삶 속에 폭풍이라 할 만한 일에는 어떤 것이 있을까?
4. 나는 이 승객들 중 어떤 부류일까?
5. 첫 번째 부류의 사람들은 호기심이 없는 것일까? 아니면 현명한 것일까?
6. 모험심이 강한 젊은이라면 첫 번째 사람들을 어떻게 생각할까?
7. 첫 번째 사람들의 결정은 나쁜 일을 겪지 않는 안전한 방법일까?
8. 두 번째 사람들이 가장 현명한가?
9. 세 번째 사람들은 왜 배를 놓칠 수도 있는 위험한 순간까지 섬에 머물

　　　　렀을까?

　　　10. 네 번째 사람들은 자신을 사랑하지 않는 것일까?

　　　11. 다섯 번째 사람들은 자신의 삶에 무책임한 것일까?

　　　12. 내 삶의 항해를 잘하려면 어떻게 해야 할까?

하고 싶은 일을 찾은 아이

　어느 날 눈에 띄게 잘생긴 외모의 중학생이 찾아왔다. 이렇게 잘생긴 아이에게 무슨 문제가 있을까 하는 얼토당토않은 생각을 했을 만큼 잘생긴 소년이었다. 부모의 말을 들어 보니 아이가 학습 의욕도 없고 목표의식도 없어 생활이 불성실하고 나태하다는 것이었다. 소년에게는 지금 자기 삶의 모습이 어떤지 생각해 보게 하는 하브루타가 필요했다. 우리는 『탈무드』 이야기를 읽고 함께 대화를 나누었다.

　"삶에서 폭풍우와 마주친다는 것은 어떤 의미일까?"

　"나쁜 일이 일어나는 거요."

　"그 나쁜 일이란 뭘까?"

　"큰 병을 얻어서 정상적인 생활을 못 하게 된다든지, 가고 싶은 대학을 못 간다든지, 왕따를 당하는 것도 폭풍우 같은 일이 될 것 같아요."

　"그래, 맞는 말이다. 그런 폭풍우를 만났을 때 어떤 방법으로 위험을 벗어나는가는 각자의 선택에 달려 있지. 여기 다섯 부류의 사람들이 각자의 방법대로 폭풍우를 피하고 있는데 너는 어떤 부류의 사람이 될 것 같니?"

"저는 좀 창피하지만 네 번째에서 다섯 번째로 넘어가는 부류인 것 같아요. 너무 대책 없이 즐기고 있구나 하는 느낌이 드네요."

"아냐, 꼭 그렇지는 않아. 도전이라는 의미도 있잖아."

"그렇긴 한데 너무 무모하게 즐기다가는 실패한 삶을 살 수도 있잖아요. 기분이 묘해져요. 어쨌든 다섯 번째 부류는 절대 사절이고, 세 번째와 네 번째를 왔다 갔다 하는 정도는 괜찮을 것 같아요."

"왜 다른 선택에는 관심이 없는 거야?"

"너무 도전이 없는 평범한 삶은 재미가 없잖아요. 바깥의 새로운 세상에는 관심거리가 넘치는데 그걸 모르고 간다는 건 정말 싫어요. 그 점에서 저랑 엄마가 생각이 다른 것 같아요. 엄마는 의사나 법조인이 되라고 하시는데, 전 그런 직업이 재미가 없을 것 같거든요."

"재미로만 직업을 선택할 수는 없지 않을까?"

"그렇긴 한데 일단 즐거운 마음으로 일해야 좋잖아요. 그래서 프로게이머나 스포츠마케터 같은 직업을 갖고 싶어요."

"그래, 너와 잘 맞을 것 같구나. 즐겁게 일하는 게 좋겠다는 생각에는 동감이야. 그런데 그것도 전문적으로 배워야 하는 과정이 필요한데 그러려면 남다른 노력이 필요해. 너는 어떻게 생각해?"

"그러네요. 지금은 좀 더 공부에 치중하고 열심히 해야 제가 바라는 일을 할 수 있겠어요. 그런데 저는 첫 번째와 두 번째 부류는 되고 싶지 않아요."

"그래. 세상은 다양한 부류의 사람들로 구성돼 있어. 어느 한 부류의 사람들이 옳은 것도 아니고 그들만이 세상을 움직이는 것도 아니야. 네 생각을 칭찬해 주고 싶네."

"감사합니다. 이야기하면서 참 많은 것을 느꼈어요. 지금 제가 어디에 있는지 바라볼 수 있는 유익한 얘기였어요."

『탈무드』 이야기를 통해 스스로 생각이 바뀌고 자신의 모습을 객관적으로 들여다보는 힘이 길러진다는 사실에 새삼 놀라웠다. 꾸준히 만나 하브루타를 하면서 아이는 즐겨 하던 컴퓨터 게임도 줄이고 공부하는 시간을 조금씩 늘려 갔다. 또 관심 분야인 스포츠 마케팅에 대해서도 열심히 조사하며 한결 즐겁게 생활했다.

어른들과 달리 아이들은 조금만 도움을 주어도 스스로 힘을 내어 자신을 바로 세워 보려고 노력한다. 소년을 보면서 우리 아이들 내면에 숨겨진 힘이 얼마나 큰지 다시 한번 깨달았다.

새로운 일을 거부하는 아이
―――― *havruta* ――――

아이의 숨은 재능이 무엇인지 찾아 주기 위해 부모는 이런저런 기술을 배워 보게 한다. 축구 클럽에도 등록하고 피아노 학원에도 보내고 발레도 시키고 그림도 가르쳐 본다. 운동, 음악, 미술 같은 활동을 통해 감각을 풍부하게 하려는 의도도 있다. 아이의 두뇌와 정서 발달을 위해 바쁜 시간을 쪼개 여행이나 체험, 문화 등 다양한 경험을 제공하기도 한다.

그런데 부모의 바람과는 달리 아이는 시큰둥하다. 집 앞 태권도장에 다니는 것조차 힘들어한다. 무언가 새로운 일을 시작하는 것을 꺼린다. 일단 시작하면 분명히 좋아할 텐데 시작하기 전에 무턱대고 거부한다.

이런 아이는 실패를 두려워하기 때문일 수 있다. 앞에서도 언급했듯이 과정이 아니라 결과를, 노력이 아니라 지능을 칭찬받은 아이는 쉬운 과제만 하려 든다. 좋은 성과를 내지 못하면 칭찬받지 못하기 때문이다.

부모 또한 아이의 실패를 두려워한다. 아이의 실패가 자신의 실패이고 그것이 곧 인생의 실패라고 생각한다. 성공만 생각하다 보니 작은 실패도 받아들이기 힘들고, 그러다 보면 작은 실패조차 갈등 요소가 되고 큰 문제로 번지기도 한다.

심지어 은연중에 실패에 대한 두려움을 주입하기도 한다.

"너 그거 망가뜨리면 어쩌려고 그래?"

"잘할 수 있겠어?"

"하고 싶은 마음만 갖고서는 안 돼. 잘할 자신 없으면 아예 시작도 하지 마."

실패가 두려우면 당연히 익숙한 것만 찾게 되고 새로운 시도를 하지 않는다. 부모 먼저 실수와 실패에 대한 인식을 바꿔야 한다. 유대인들이 실패를 대하는 태도는 우리와 다르다. 인생은 크고 작은 실패로 이루어질 수밖에 없는데 그때마다 불평하고 의기소침해한다면 스스로 무너지고 만다. 실패의 경험은 살아가면서 어떤 식으로든 도움이 된다. 미국 제너럴일렉트릭GE의 회장이었던 잭 웰치는 "실패는 성공으로 가는 가장 빠른 지름길"이라고 했다. 아이에게도 실패를 긍정적으로 바라볼 수 있게 도와주어야 한다. 실패했을 때는 그것을 어떻게 극복할지도 안내해 주어야 한다.

아이가 무언가를 하며 끙끙대고 있다면 답답해도 혼자 끝낼 때까지 기다려 주고 "넌 할 수 있어!"라고 격려해 주자. 만약 아이가 도와달라고 하면 바로 도움을 주지 말고 이렇게 말할 수 있다.

"네가 할 수 있는 부분부터 살펴보자. 네 힘으로 최선을 다했는데도 안 되면 도와줄게."

만약 실패했을 때는 아이가 실패의 책임을 지도록 하는 것이 좋다. "괜찮아. 열심히 했잖아. 그럼 됐지", "네 잘못이 아니야" 같은 말은 아이의 마음을 잠시 편안하게 할 수는 있을지언정 실수와 실패를 회피하지 않고 기꺼이 책임을 지게 하는 데는 부적절하다.

예를 들어 아끼는 물건을 잃어버리고 상심한 아이를 위로하고 싶어서 "너무 속상해하지 마. 엄마가 또 사 줄게"라고 말하는 것은 "그게 얼마짜린데 잃어버리니? 왜 이렇게 칠칠치가 못해"라고 비난하는 것만큼이나 좋지 않다. 대신 이렇게 말해 보자.

"우리 딸이 제일 좋아하는 인형인데 잃어버려서 몹시 속상하구나. 누구나 물건을 잃어버리곤 한단다. 이름을 써 놓았으니까 나중에 찾을 수 있을지도 몰라. 찾을 수 없다면 용돈을 모아서 다시 사도 되고. 시간이 좀 걸리겠지만 아껴서 쓰면 더 빨리 살 수 있을 거야."

실수할 수도 있고 실패할 수도 있지만, 그것을 감안하고 새로운 일을 시도할 수 있으려면 실패했을 때 극복하는 방법을 배워야 한다. 그리고 부모는 실패를 무릅쓰고 도전하는 아이를 칭찬해 주어야 한다. 실패에 대한 두려움이 사라지면 어떤 일에든 용기를 내 도전할 수 있다.

아이에게 들려줄 이야기

용궁에 간 토끼

깊은 바닷속 용궁에 사는 용왕이 병에 걸렸다. 의원은 용왕을 진찰하더니 토끼의 간을 먹으면 낫는다고 말했다. 용왕은 곧장 신하들에게 물었다.

"누가 육지로 나가 토끼의 간을 구해 오겠느냐?"

많은 신하 중 아무도 입을 열지 않았다. 신하들은 서로 눈치만 보았다. 그러자 거북이가 나섰다.

"용왕님! 제가 다녀오겠습니다."

그런데 거북이는 토끼를 본 적이 없었다.

"용왕님, 그런데 토끼는 어떻게 생긴 동물입니까?"

용왕은 용궁의 화가를 시켜 토끼 그림을 그려 주었다. 거북이는 그림을 받아 들고 용궁을 나섰다. 육지에 도착한 거북이는 엉금엉금 기어 다니며 토끼를 찾아 헤맸다.

"아이고, 힘들다. 어딜 가면 토끼를 찾을 수 있을까?"

거북이가 잠시 앉아서 쉬고 있는데 산속에서 웬 동물이 나타나더니 거북이 있는 쪽으로 폴짝폴짝 뛰어왔다. 쫑긋 선 두 귀는 무척이나 크고 새빨간 두 눈에 온몸이 흰 털로 덮여 있었다. 화가가 그려 준 그림과 똑같았다.

"옳지, 저 녀석이 바로 토끼로구나."

거북이는 등딱지 안에 재빨리 머리와 다리를 숨겼다.

"아, 여기 못 보던 바위가 있네. 잠시 쉬어 갈까?"

토끼가 거북이 등 위에 앉았다. 그때 거북이가 머리를 쑥 내밀며 말했다.

"너는 누군데 내 등에 앉는 거야?"

"어? 바위가 아니잖아! 나는 토끼라고 해. 너는 누구니?"

"나는 용궁에서 온 거북이라고 해. 네가 그 유명한 토끼구나!"

거북이의 칭찬에 토끼는 기분이 좋아졌다.

"바닷속 용궁에서 왔다고? 그런데 내가 왜 유명한 거야?"

"네가 재주가 아주 많다고 용궁에 소문이 자자해. 우리 용왕님께서도 너의 재주를 보고 싶어 하신단다. 나랑 같이 용궁에 가지 않을래? 신기한 것도 많고, 용왕님께서 선물도 많이 주실 거야."

거북이의 말에 토끼는 용궁에 가고 싶어졌다.

"그럼, 어디 용궁 구경 한번 가 볼까? 그런데 어쩌지? 나는 헤엄을 칠 줄 모르는데."

"걱정 마. 내 등에 올라타기만 하면 돼."

거북이는 토끼를 태우고 바다로 들어갔다. 토끼는 처음 보는 바닷속이 너무 신기해 정신없이 사방을 둘러보았다. 어느새 용궁에 도착했다.

"용왕님, 토끼를 잡아 왔습니다."

거북이가 자랑스럽게 말했다. 옆에 있던 토끼가 깜짝 놀라며 물었다.

"무슨 소리야, 나를 잡아 오다니."

용왕이 안됐다는 듯 말했다.

"내가 큰 병이 들어 죽게 되었다. 의원 말이 토끼 간을 먹으면 낫는다고 하는구나. 미안하지만 네 간을 내주어야겠다."

이 말을 들은 토끼는 그제야 자기가 속은 것을 알고 꾀를 냈다.

"아니, 그게 정말이에요? 이런 바보 같은 거북아, 진작 이야기하지. 저는 한 달에 한 번 간을 꺼내 맑은 물에 씻어요. 그런데 바로 어제 간을 씻어 바위 밑에 놔뒀지 뭐예요? 미리 알려 줬으면 가져왔을 텐데. 저는 원래 간이 없어도 살 수 있거든요. 제가 다시 가서 가져올게요."

순진한 용왕은 토끼의 말을 그대로 믿었다.

"그게 정말이냐? 어서 거북이와 같이 다녀오너라."

토끼는 거북이의 등을 타고 다시 육지로 나왔다.

"간을 놓아둔 바위가 어디야?"

거북이가 묻자 토끼가 깔깔대고 웃었다.

"야, 이 바보야. 세상에 간을 빼놓고 다니는 짐승이 어디 있냐? 네가 찾는 간은 내 배 속에 있다."

토끼는 휘파람을 불며 유유히 산 위로 뛰어 올라갔다. 거북이는 멍하니 토끼의 모습을 보다가 어쩔 수 없이 용궁으로 돌아갔다. 토끼는 죽다 살아나 몹시 기뻤다.

"죽은 토끼 간다. 산 토끼 간다."

신나게 노래를 부르며 폴짝폴짝 뛰어갔다. 그러다가 그만 나무꾼이 놓은 덫에 걸리고 말았다. 아무리 애를 써도 덫에서 벗어날 수가 없었다. 그때 나무꾼이 오는 소리가 들렸다. 토끼는 얼른 방귀를 뿡뿡 뀌고는 죽은 척 꼼짝도 하지 않았다. 나무꾼은 토끼를 덫에서 빼 냄새를 맡아 보더니 중얼거렸다.

"에이, 썩은 냄새가 나잖아. 죽은 지 오래됐나 보네."

나무꾼은 토끼를 팽개치고 가버렸다. 토끼는 또 죽을 고비를 넘겼다. 토끼는 더욱 신이 나서 폴짝폴짝 뛰며 노래를 불렀다.

"죽은 토끼 간다, 산 토끼 간다."

이때 갑자기 무언가가 토끼를 휙 낚아채 하늘로 끌고 올라갔다. 독수리한테 잡힌 것이다. 토끼는 또 꾀를 냈다.

"아이고, 죽는 것은 아쉽지 않은데 요술 주머니를 못 쓰게 된 게 너무 아깝구나."

토끼가 혼잣말처럼 중얼거리자 독수리는 그게 무슨 말인지 궁금해졌다. "요술 주머니라니, 그게 무엇이냐?"

"요술 주머니는 내가 용궁에 갔다가 얻은 보물이에요. 말만 하면 그 안에서 갖고 싶은 것들이 다 나오지요."

"그래? 넌 이미 죽은 목숨이니 그 주머니를 내놓아라."

"그래요. 나는 어차피 죽은 목숨이니 드릴게요. 어서 우리 집으로 가요."

독수리는 토끼가 알려 준 대로 토끼의 집으로 갔다. 독수리는 한 발로 토끼를 움켜쥐고 굴속에 밀어 넣었다. 토끼는 굴속에 들어가 외쳤다.

"아직 안 닿았어요. 조금만 더 안으로요."

독수리는 조금 더 밀어 주었다.

"조금만 더!"

이렇게 몇 번이나 하니 토끼는 조금씩 굴 안으로 들어갔다. 그러다가 독수리는 발이 더 이상 닿지 않는 곳에 이르러 그만 토끼를 놓치고 말았다. 토끼는 굴속에서 도망치면서 약을 올렸다.

"여기 요술 주머니 받아라."

그러고는 독수리를 향해 방귀를 뿡 뀌었다. 토끼는 그렇게 또 목숨을 건졌다.

🔍 개념 찾기 질문

1. 토끼의 간을 먹으면 나을 수 있다는 의원의 말을 듣고 신하들은 왜 서로 눈치만 본 걸까?
2. 그때 거북이가 선뜻 나섰는데 여기서 거북이의 어떤 면을 볼 수 있을까?
3. 거북이는 토끼의 간을 얻을 수 있을까?
4. 거북이가 육지에 도착해서 토끼를 만나자 어떻게 말했나?
5. 만약 내가 거북이라면 어떤 방법으로 토끼의 간을 가져왔을까?
6. 좋은 일 뒤에 바로 나쁜 일이 일어난 적은 없나?
7. 토끼는 어떻게 그런 다양한 이야기들을 꾸며 낼 수 있었을까?
8. 거북이는 토끼를 놓친 후 어떤 생각을 했을까?

9. 자신이 속은 걸 알고 거북이는 어떻게 했을까?

아이와 함께하는 하브루타

엄마 거북이가 토끼의 간을 가져오겠다고 나섰는데, 주안이는 어떤 생각이 들었니?

주안 용기가 대단한 것 같아요. 바다에서 육지로 나가는 건 위험할 것 같은데. 다른 신하들도 꺼리는 일에 나선 걸 보면 용감한 게 맞아요.

엄마 그래. 그런데 거북이는 왜 위험한데도 선뜻 자기가 가겠다고 했을까?

주안 충성스러운 신하여서요. 그리고 거북이는 육지에 나가도 죽지 않잖아요. 다른 물고기들은 죽어요.

엄마 오, 그렇구나. 위험하기는 하지만 해볼 만하다고 생각한 것 같네.

주안 네. 거북이는 용감했어요.

엄마 그렇다면 토끼는 어떤 것 같니? 용궁에 도착해서 거북이에게 속은 걸 알았잖아.

주안 토끼는 죽을 수도 있었는데 지혜롭게 말해서 살 수 있었어요. 토끼도 용감한 것 같아요.

엄마 어떤 면에서 용감한 것 같니?

주안 저 같으면 '이제 난 죽었구나' 하고 아무 생각도 안 났을 것 같거든요. 게다가 육지처럼 도망갈 수도 없는 바닷속이잖아요. 그래서 엄청 무서웠을 텐데 지혜롭게 말을 했어요. 그래서 용감해요.

엄마 주안이 말을 들어 보니 정말 그렇네. 토끼도 정말 용감한 것 같다. 그런데 토끼는 용왕이 자기 말을 믿어 줄 거로 생각했을까? 간을 꺼내 두고 다닌다는 게 말이 안 되잖아.

주안 그러니까요. 누가 봐도 말이 안 되는 얘기지만 한번 해 본 거죠. 가만히 앉아서 죽을 수는 없으니까 어찌 되든 해 보기는 해야죠.

엄마 실패할지도 모르지만 시도해 봤다는 말이구나.

주안 네. 맞아요.

엄마 주안이는 어때? 실패할 수도 있지만 도전하는 편이니?

주안 음…… 저는 안 될 것 같으면 안 하는 편이에요.

엄마 그렇구나. 하지만 잘 못할 것 같아도 막상 해 보면 배우는 게 있지 않을까? 처음부터 잘할 수 있는 일이 어디 있겠니.

주안 듣고 보니 그렇네요. 저도 거북이랑 토끼처럼 좀 더 용감해지고 싶어요.

엄마 정말 멋지다! 뭐든지 한번 해 보는 거야.

주안 네. 그렇게 해 볼게요.

엄마는 아이가 새로운 일에 도전하고 쉽게 포기하지 않도록 용기를 주었다. 아이가 좌절감을 느낄 때면 이렇게 말해 주었다.

"엄마도 살아오면서 많은 실패를 했어. 하지만 감사하게 생각해. 성공할 때보다 실패할 때 더 많은 걸 배웠거든."

"위대한 인물들도 마찬가지란다. 수많은 실패를 겪으면서 역사에 남을 큰일을 해냈어. 실패를 겪지 않았다면 불가능했을 거야."

"어려운 일에 용기 있게 도전하는 모습을 보니 정말 멋지구나!"

실패에 대한 공포는 잠재된 능력을 발휘하지 못하게 만든다. 모든 아이에게는 특별하고 뛰어난 능력이 있다. 이 능력을 사장시키지 않으려면 실패에 대한 두려움을 떨치게 해야 한다.

소극적인 아이
havruta

학교에도 잘 가고 공부도 게으름 피우지 않는데, 매사 소극적이어서 친구를 사귀거나 자기 감정을 표현하는 데 서툴다면 부모 속은 타들어 간다. 소심하고 소극적인 성향은 타고나는 걸까? 오히려 양육 환경에 문제가 있을 때 소극적인 아이로 성장할 수 있다고 한다. 부모가 자주 다투거나 아이에게 지나치게 엄격한 경우 그러하다.

한편 『콰이어트』의 저자 수전 케인은 "내향형과 외향형은 생물학적 차이"라고 말한다. "두뇌의 신경 시스템이 달라 내향형은 한꺼번에 많은 일이 벌어지면 압도당하지만, 외향형은 시끄럽고 붐비는 환경을 더 편안하게 느낀다. 타고난 모습 그대로 인정하는 것이 중요하다"라고 강조한다.

소극적인 성격이 결코 좋고 나쁘고의 문제는 아니다. 다만 소극적인 태도 때문에 사회성이나 대인관계에 어려움을 겪지 않도록 하브루타를 통해 적극적인 태도를 길러 주는 것이 필요하다.

임원 선거에 나가는 것을 주제로 질문하고 대화하는 하브루타를 진행해 보면 어떨까. 물론 모든 사람이 리더가 되어야 하는 것은 아니다. 리더가 되어야만 행복한 것도 아니다. 하지만 리더가 되는 경험을 통해 아이는 많은 것을 배울 수 있다. 설사 임원이 되지 못하더라도 도전한 만큼 스스로 대견해하는 마음이 생길 것이다.

아이에게 들려줄 이야기

지도자의 자질

한 마리의 뱀이 있었다. 뱀의 꼬리는 언제나 머리가 가는 대로 따라다녀야만 했다. 어느 날 꼬리가 머리에게 불만을 터뜨렸다.

"왜 내가 항상 너만 따라다녀야 하는 거야? 왜 항상 네가 나를 무작정 끌고 다니는 거지? 이건 너무나 불공평해. 나도 너와 마찬가지로 뱀의 일부인데 나만 항상 노예처럼 너한테 끌려다니기만 해서야 도대체 말이 되겠어?"

그러자 뱀의 머리가 말했다.

"꼬리야. 바보 같은 소리 하지 마. 너한테는 앞을 볼 수 있는 눈이 없고 위험한 소리를 미리 알아챌 귀도 없고 행동을 결정할 수 있는 머리도 없어. 내가 너를 끌고 다니는 건 나 자신을 위해서가 아냐. 그렇게 생각한다면 그건 큰 오해야. 나는 너를 생각해서 그렇게 하는 거야."

이 말을 듣고 꼬리가 큰 소리로 비웃더니 머리에게 말했다.

"그따위 쓸데없는 소리는 귀가 아프도록 들어 왔으니까 나를 설득할 생각일랑 하지도 마. 독재자나 폭군들은 모두 자기를 따르게 하려고 여러 구실을 대면서 독재를 휘두르고 폭력을 행사한단 말씀이야."

그러자 하는 수 없다는 듯 뱀의 머리가 제안했다.

"꼬리야, 네가 정 그렇게 생각한다면 내가 하는 일을 한번 해 보렴."

꼬리는 이 말을 듣고 몹시 기뻐했다. 그러나 꼬리가 앞으로 나가 움직이기 시작한 지 얼마 지나지 않아 뱀은 깊은 개울로 굴러떨어지고 말았다. 머리가 갖은 고생을 한 후에야 뱀은 겨우 도랑에서 기어오를 수 있었다.

그러고 나서 또 얼마를 기어가자 꼬리는 가시덩굴이 무성한 덤불 속으로 기어들어 가고 말았다. 꼬리가 빠져나오려고 기를 쓰면 쓸수록 가시가 점점 더 몸을 찔러왔고, 속수무책이었다. 이번에도 머리가 애를 써서 뱀은 가시덤불로부터 빠져나올 수 있었는데 온몸이 상처투성이였다.

꼬리는 다시 앞장서서 기어가기 시작했다. 그런데 이번에는 산불이 난 곳으로 기어들어 가고 말았다. 뱀은 점점 몸이 뜨거워졌고 갑자기 눈앞이 캄캄해졌다. 위기에서 급히 벗어나려고 머리가 필사적으로 움직였으나 때는 이미 늦었다. 결국, 몸은 불에 타버렸다. 꼬리와 머리도 함께 죽었다. 분별없는 꼬리 때문에 죽게 된 것이다.

사람도 지도자를 택할 때는 머리와 같은 자를 택해야지 꼬리와 같이 우둔한 자를 택하면 모두 죽게 된다.

🔍 개념 찾기 질문

1. 뱀의 꼬리는 무엇이 불만이었을까?
2. 뱀의 꼬리는 지도자가 되고 싶었던 것일까?
3. 뱀의 머리는 왜 꼬리를 이끌었을까?
4. 지도자는 누구나 될 수 있을까?
5. 어떤 사람이 지도자여야 할까?
6. 진정한 지도자가 갖추어야 할 덕목은 무엇일까?

선거에 나가 볼게요

초등학교 6학년 여학생이 말했다.

"선생님, 다음 주에 회장 선거가 있대요. 선거에 나가고는 싶은데 안 될 게 분명해서 안 나가기로 했어요."

"하고 싶다면 도전해 봐야지 해 보지도 않는다면 아쉬움이 남지 않을까?"

"임원 되는 게 쉬운 일이 아니에요. 아이들이 많이 지원해서 한두 표 차이로 떨어지기도 하거든요. 안 되면 너무 창피해요. 아이들 앞에서 뭐라고 말해야 할지도 모르겠고요. 그냥 안 할래요."

"그래, 알았다. 그런데 아직 포기하기에는 이른 것 같아. 한 번 더 생각해 보는 게 어떨까?"

"네."

"오늘은 「지도자의 자질」이라는 이야기로 하브루타를 해 볼까?"

아이와 함께 이야기를 읽은 다음 질문을 했다.

"지도자는 누구나 될 수 있을까?"

"뱀의 머리 같은 사람이 지도자가 돼야죠. 하지만 지도자가 될 사람이 이미 정해져 있다면 너무 불공평하지 않을까요? 누구나 능력이 되면 도전할 수 있고 그래야 한다고 생각해요."

"흠. 그렇게 생각하고 있으면서 너는 왜 도전할 생각이 없는 거지?"

"그거야 안 될 게 뻔하니까 그러는 거죠. 떨어지면 진짜 창피하거든요."

"넌, 네가 뱀의 꼬리 같은 존재라고 생각하니? 그렇지 않잖아. 도전도 안 해 보고 미리 포기하는 건 떨어지는 것보다 훨씬 창피한 일이 아닐까?"

"선생님, 갑자기 마음이 복잡해져요. 고민이 돼요."

"그래, 우리 고민 한번 해 보자. 너한테는 반 친구들을 좋아하는 마음이 있니?"

"네. 당연하죠. 우리 반 친구들은 다 좋아요. 특히 남자아이들과 잘 지내요. 제가 장난을 좋아하거든요."

"그럼 여자아이들하고는 어때?"

"세 그룹 정도 있긴 한데 서로 잘 지내요. 그런데 세 그룹 분위기가 아주 달라요. 제가 있는 그룹은 남자아이들과 좀 더 잘 지내고요."

"네가 속해 있는 그룹에도 리더는 있을 텐데."

"네. 제가 리더인 거나 다름없는데 요즘 한 친구가 저를 제치려고 해서 어이없을 때가 있어요."

"그럼 몇 명의 작은 그룹 안에서 하는 리더 경험보다 반 전체에서 리더를 경험해 보는 건 어떨까? 도전해 보는 것도 의미 있을 것 같아."

"음…… 제가 잘할 수 있을까요?"

"내가 보기에 너는 장점이 무척 많은데, 너 스스로 얘기해 볼래?"

"흐흐. 저는 장점이 많아요. 착하고 의리 있고 일단 애들하고 잘 지내요. 공부는 중간이지만요. 못하는 건 아니죠."

"와우, 그럼 리더로서 자격은 다 갖췄네. 인성의 기본이 착한 거니까 됐고, 친구들과 화합하면서 잘 지내고 있으니 친구들도 인정해 줄 것 같은데."

"진짜요? 한번 도전해 볼까요? 엄마가 나가 보라고 여러 번 얘기했는데 싫다고 했거든요. 엄마가 깜짝 놀라겠는데요. 히히."

"그렇다면 진정한 지도자란 어떤 사람일까?"

"우선 정직해야 한다고 생각해요. 나쁜 사람이 지도자가 되면 모든 사람이 고생할 거예요."

"그래, 좋은 생각이야. 또 뭐가 있을까?"

"많이 배운 사람이면 도움이 될 것 같아요. 아무리 착하고 정직해도 아는 게 없으면 남에게 속아 넘어가기 쉽잖아요."

"정말 좋은 생각이다. 많이 배웠다는 건 지혜가 쌓였다고 말할 수도 있어. 지혜는 어떤 일을 결정할 때 필요하지. 어쩌면 이렇게 잘 알고 있을까?"

"에이, 선생님. 왜 그러세요."

"한 번 더 찾아보자. 리더가 되려면 또 어떤 덕목이 있어야 할까?"

"돈이 많아야 하지 않을까요? 돈이 있으면 어떤 일이든 할 수 있잖아요."

"그래? 어떤 일을 할 수 있을까?"

"좋은 일에도 쓰고 불쌍한 사람도 도와줄 수 있고, 그러면 많은 사람이 따를 것 같아요."

"흠. 아주 좋은 생각이다. 그러면 네가 생각하는 지도자가 갖춰야 할 덕목은 지식, 인격, 봉사, 이 정도라고 하면 될까?"

"네. 그런 것 같아요. 또 있나요?"

"물론 더 많은 걸 얘기할 수도 있지. 하지만 이 세 가지가 중요해. 선생님은 네가 유대인들이 말하는 '위대한 지도자가 갖추어야 할 덕목 세 가지'를 모두 말해서 깜짝 놀랐어. 그 세 가지는 지식, 인성, 자선이란다. 네가 꼭 집어서 말했어. 대단하다."

"살짝 자신감이 생기는데요. 한번 도전해 보고 싶어요. 우리 반을 위해서 무엇이 필요하고 제가 갖추어야 할 덕목이 뭔지 이제 알겠어요."

"그럼 반을 위해 어떤 노력을 할지 얘기해 볼래?"

"흠. 일단 친구들이 그룹별로 나뉘어서 다니는 것보다는 다 같이 잘 지내도록 하고 싶어요."

"그거 진짜 좋은 생각이네. 좋아."

"선생님에 대한 태도가 좋지 않아서 가끔 분위기를 망치는 아이들이 있어요. 선생님도 속상해서 화를 많이 낼 때가 있고요. 반 전체가 벌을 받을 때도 있어요."

"그럴 때 네가 할 수 있는 일이 뭘까?"

"선생님이 말씀하실 때 반항하는 아이들이 오히려 친구가 말하면 받아들일 때가 많아요. 제가 중간에서 역할을 잘해야겠죠."

"그래. 그런 마음으로 회장 선거에 도전해 보길 바랄게."

아이는 학급회장 선거에 나가겠다는 중대한 결심을 했다. 결국, 회장에 당선이 됐고 자신감을 얻어 전교 회장 선거에도 도전장을 내밀어 당선되었다. 전교 회장 선거 전날 밤에 문자 메시지가 왔다. 리더가 갖추어야 할 덕목은 무엇인지 다시 물어서 '인성과 지식 그리고 공동체에 대한 헌신'이라고 알려 주었다. 아이는 앞으로 살아가는 데 큰 자산이 될 좋은 경험을 했다.

한 남자아이는 초등학교 생활 내내 학급 임원 선거에 한 번도 나가 본 적 없는 수줍고 내성적인 아이였다. 그런데 하브루타를 통해 학급 임원 선거에 나가기로 마음을 먹어 부모도 놀라고 나 역시 놀랐다. 비록 임원이 되지는 못했지만, 생각보다 표가 많이 나왔다며 즐거워했다. 이 일을 계기로 아이는 전보다 밝고 긍정적으로 변화했다.

물론 겁 많고 소극적인 아이가 갑자기 새로운 일에 과감히 도전하는 모습으로 바뀌지는 않는다. 일단 아이의 성향과 기질을 받아들이고 아이의 관점에서 무엇을 두려워하고 걱정하는지 그 마음을 들여다보며 표현해 주는 시간이 필요하다. 두려움을 느끼는 아이에게 무작정 아무것도 아니라는 식으로 그 감정을 부정하거나 무시하는 것은 도움이 되지 않는다. 아이는 오히려 두려움을 더 크게 느끼거나 자신의 감정을 부끄러워하게 된다.

웃음으로 아이의 긴장을 풀어 줄 수도 있고 아이가 스스로 용기 낼 때까지 격려하며 지켜볼 수도 있다. 자주 아이와 하브루타를 하며 질문하고 대화해 아이 스스로 두려움에 대처하는 방법을 찾을 수도 있다.

남들 평가에 연연하는 아이
havruta

나는 우리 집 세 남매에게 학원이든 학습지든 마음대로 시켜 본 적이 없다. 늘 아이들에게 동의를 구했다. 특히 아들은 어떤 일을 시작해 보지 않겠느냐고 물으면 단번에 대답하지 않고 "한 달 정도 시간을 주세요. 생각해 볼게요" 하고는 심사숙고에 들어갔다. 성격 급한 부모는 진작에 숨이 넘어갔을 것이다.

아들이 초등학교 3학년 때였다. 물어보지도 않고 영어학원 테스트를 신청한 적이 있었다. 아들은 깜짝 놀라며 물었다.

"엄마, 제가 언제 동의했나요?"

어렵게 테스트 약속을 잡은 터라 아이에게 사정했지만 막무가내였다. 두 시간 동안 학원 앞에서 버티다가 아들은 꽤 먼 거리를 혼자 걸어서 가버렸다. 달래기도 하고 약간 화를 내기도 하면서 설득해도 소용이 없었다.

이런 경우 부모는 말 안 듣고 고집만 피우는 아이라고 생각할 수 있다. 그러나 말을 안 듣는 것이라기보다는 자기 의사가 분명한 것이다. 한편으로 섭섭했지만, 아들은 엄마를 기쁘게 하려고, 엄마에게 인정을 받으려고 자신의 의사에 반대되는 행동을 하지 않았다. 회유와 애원과 약간의 협박에도 불구하고 꿋꿋하게 소신을 지킨 셈이다.

아이들은 어른의 인정을 받고 싶어 한다. 어른들도 마찬가지다. 인간은 사회적 동물이라 집단에 소속되길 바라고 다른 사람들의 인정을 받고 싶어 한다. 그래서 우리는 집단의 규범을 따르며, 그럴 때 인정이라는 보상을 받는다.

하지만 나의 인생이 다른 사람에 의해 좌우되어서는 안 된다. 판단과 선택과 결정은 오로지 자신의 몫이다. 타인의 인정에 연연하다 보면 스스로 사고할 수 없게 된다. 소신껏 행동할 수도 없다. 남들의 시선에 발이 묶여 도전하고 모험하며 삶을 개척해 나가기도 힘들다.

게다가 세상에 존재하는 모든 집단이 올발라서 집단의 평가와 인정에 의존해도 문제가 없다면 좋겠지만, 그렇지가 않으니 더더욱 자기 생각을 갖는 것이 중요하다. 특히 청소년기가 되면 아이는 부모보다 또래 집단의 영향을 훨씬 더 많이 받는다. 그래서 부모들은 친구를 잘 사귀어야 한다고 늘 말하지만, 좋은 친구를 선택하는 것도 자신의 생각과 주관이 있어야 가능하다.

아이가 타인의 평가에 연연하고 남들의 인정을 받느냐 받지 못하느냐를 기준으로 행동한다면, 하브루타를 통해 자기 생각을 갖는 것에 대해 생각해 볼 수 있다.

아이에게 들려줄 이야기

바보 청년

오래전 예루살렘에는 '바보'라고 불리는 청년이 살았다. 그는 사람들이 자기 얼굴만 보면 "바보, 바보" 하고 놀려대자 자신이 진짜 바보는 아닌지 의심스러웠다. 그는 랍비에게 찾아가 물어보기로 했다.

"랍비님, 저는 제가 어리석다는 것을 잘 압니다. 하지만 사람들이 왜 저를 바보라고 놀리는지 모르겠습니다. 제가 어떻게 해야 할지 제발 가르쳐 주세요."

랍비는 감탄하며 칭찬하듯이 말했다.

"오! 자신이 바보라는 사실을 알고 있는 사람은 바보가 될 수 없네. 자네는 분명 바보가 아니야."

"제가 바보가 아니라면 왜 제 주변 사람들은 저를 바보라고 할까요?"

랍비는 잠시 그를 진지하게 바라보더니 말했다.

"그저 사람들이 하는 말만 듣고 자신을 바보라고 생각하는 것을 보니 자네는 틀림없이 바보가 맞구나!"

🔍 개념 찾기 질문

1. 나는 남의 시선에 휘둘리는가?
2. 남의 시선을 의식하지 않으면 어떤 일이 일어날까?
3. 다른 사람이 나를 어떻게 평가할까?
4. 남의 시선이 두려웠던 적이 있나?
5. 남의 시선을 의식하는 사람만 모여 있다면 어떤 일이 일어날까?
6. 남의 시선을 의식하지 않을 때의 나쁜 점은?
7. 남의 시선을 의식할 때 좋은 점은?
8. 바보의 정의는 무엇일까?
9. 어떤 행동을 할 때 바보라고 할까?
10. 나는 바보일까?
11. 스스로 바보라고 생각했을 때는 언제인가?
12. 자신을 바보라고 부르는 것은 옳은 일일까?
13. 남의 시선에 휘둘리지 않는 방법이 있을까?

아이와 함께하는 하브루타

엄마 이야기에 나오는 바보는 정말 바보일까? 지민이는 어떻게 생각하니?

지민 잘 모르겠어요.

엄마 바보 같기도 하고 아닌 것 같기도 하니?

지민 네.

엄마 어째서?

지민 진짜 바보라면 랍비 말대로 자기가 바보인 걸 어떻게 알겠어요? 그런데 랍비는 나중에는 또 틀림없이 바보라고 해요.

엄마 그래. 랍비가 하고 싶은 말은 남의 말에 좌우되지 말라는 게 아닐까? 남들이 뭐라고 하든 자기 생각이 있어야 한다는 뜻 같아.

지민 그런데 남들 생각이 다 틀린 건 아니니까 남들 말도 들어봐야 해요.

엄마 그렇지. 그런데 반대로 생각할 수도 있어. 남들 말이 다 맞는 것도 아니지.

지민 맞아요. 그래서 다 들어서도 안 되고 다 무시해서도 안 돼요.

엄마 오, 그래. 엄마도 동의해. 그런데 기준이 있어야 하지 않을까 하는 생각이 드네. 어떤 말은 듣고 어떤 말은 무시해도 되는지 어떻게 알 수 있지? 그걸 어떻게 판단할까?

지민 음…… 그걸 판단하려면 내 생각이 있어야 해요.

엄마 오, 대단해! 어떻게 그런 생각을 했어?

지민 내 생각이 있어야 다른 사람들 말이 맞는지 아닌지 알 수 있잖아요. 안 그러면 이리저리 휩쓸릴 거예요.

엄마 박수, 짝짝짝!

지민 에이, 뭘 박수까지……. 제 생각에 동의하세요?

엄마 그럼. 이렇게 우리 딸이랑 이야기를 나눠서 참 좋았어. 다음에도 이 이야기를 가지고 계속 이야기해 보자.

"답이란 남에게서 얻는 것이 아니라 스스로 구하는 것이다. 남이 던져 준 답은 어차피 대증요법에 불과해 아무런 가치도 없다." 『미움받을 용기』에 나오는 한 구절이다. 다른 사람의 평가를 전부 무시할 수는 없지만 그렇다고 타인의 시선에 너무 신경 쓰다 보면 나의 본모습이 사라지고 많은 스트레스를 받게 된다. 내 생각이 중요하다. 남이 나를 바보라고 한다고 해서 스스로 바보라고 생각하는 것 자체가 바보가 아닐까.

아이를 바보로 만들지 않기 위해 엄마는 아이의 생각을 자극하는 질문법이 무엇인지 고민했다. 그리고 아이의 수준에 맞는 질문, 자유롭게 대답할 수 있는 질문을 해야겠다고 마음먹었다. 질문은 아이의 사고를 유도한다. 이런 대화법에 익숙해지고 시간이 흐르면 아이는 자기 자신에게도 질문하는 법을 배운다.

'내가 꼭 그렇게 해야 했나? 다른 방법은 없었을까?'

'내 생각이 정말 옳은 걸까? 친구한테 지기 싫어 틀린 줄 알면서도 고집부리는 건 아닐까?' 내면의 대화를 통해 아이는 점점 생각이 깊어지고, 그렇게 최선의 길로 나아갈 수 있다. 하브루타를 생활화하면 잔소리가 필요 없어지는 이유다.

7장

감사의 마음을 기르는 하브루타 대화법

짜증 내는 아이
havruta

아들이 일곱 살 때 이사를 했다. 전에는 집과 가까운 곳에서 학원을 열고 있던 터라 아들은 엄마가 보고 싶으면 언제든지 달려올 수 있었다. 그런데 이사를 하면서 엄마의 직장과 너무 멀어져 혼자서는 갈 수 없게 되었다.

그때부터 아들의 짜증이 시작되었다. 밥상에서는 젓가락 위치가 잘 못되었다며 수없이 다시 놓으라 하고, 신발이 잘못 놓인 것도 마음에 안 든다며 짜증을 냈다. 아이 고모가 와서 돌봐주었는데 도무지 힘들어서 못 하겠다고 할 정도였다. 어쩌면 아들은 고모를 힘들게 하면 고모가 집에 안 올 것이라 생각했는지도 모르겠다.

그 마음을 충분히 이해하기에 나는 열 번이고 스무 번이고 아이가 해달라는 대로 해 주었다. 그렇게 한동안 가슴앓이를 하게 하더니 새로운 동네 친구가 생기고 유치원에도 적응하면서 자연스럽게 짜증이 없어졌다. 지금도 그때 일을 떠올리면 마음 한쪽이 짠해지지만, 아이를 혼내지 않은 것은 다행으로 생각한다. 만약 그랬다면 아이 마음에 큰 상처로 남았을지 모른다.

아이가 짜증을 내고 투정을 부린다면 반드시 이유가 있다. 부모와의 관계라든가 무언가 문제가 있어도 말로 설명하기가 힘들어 짜증으로 표현할 수 있다. 관심을 끌고 싶은 것인지도 모른다. 그러니 아이를 다그치거나 같이 짜증을 낼 게 아니라 일단 아이의 감정을 인정하는 것이 좋다.

원인이 해결되면 짜증도 해소된다. 아이들은 변한다. 늘 하던 일도 갑자기 거북스럽고 하기 싫어지거나 귀찮아질 수도 있고 그래서 짜증이 날 수도 있다. 이 사실을 이해해야 한다. 시간이 지나면 언제 그랬냐는 듯 또 달라지는 게 아이들이다.

우리의 마음은 움직인다. 마음먹기에 따라 같은 일도 다르게 느껴질 수 있다. 짜증스러운 일이 고마운 일이 되기도 한다.

아이에게 들려줄 이야기

처음으로 돌아간 것뿐인데

한 사나이가 랍비를 찾아왔다. 사나이는 행색이 몹시 초라했으며 얼굴도 고통에 절어 평생 웃어 본 적이 없는 사람 같았다.

"그래, 무슨 일로 나를 찾아왔는가?"

사나이는 눈물을 흘리며 하소연했다.

"우리 집은 아주 작은데 아이들은 바글바글합니다. 또 아내는 세상에서 가장 고약한 여자로 매일 악다구니를 씁니다. 정말 더는 참을 수가 없습니다. 죽고 싶을 뿐입니다. 어쩌면 좋을까요?"

"산양을 기르고 있는가?"

"물론이죠. 유대인 농부라면 당연히 산양을 기르지요."

"어디다 기르고 있는가?"

"당연히 우리에 넣어 기르고 있지요. 우리가 아니라면 대체 어디에서 산양을 기르겠습니까?"

"오늘부터는 산양을 집 안에서 기르도록 하게."

"집 안에서요? 가뜩이나 비좁은 집인데요?"

"그게 하나님의 뜻이네."

사나이는 몹시 이상하다는 표정으로 집으로 돌아갔다. 랍비의 말은 절대적이라 어길 수는 없었다. 며칠 뒤 사나이는 더욱 지치고 불행한 표정으로 랍비를 찾아왔다.

"또 무슨 일로 왔는가?"

"말씀하신 대로 산양을 우리에서 꺼내 집 안에서 길렀습니다. 하지만 상황은 더욱 나빠졌습니다. 악처에 바글바글한 아이들에 이제 산양까지, 저는 지금 미치기 일보 직전입니다. 아내의 바가지는 더욱 심해졌어요. 더 이상 참을 수가 없습니다. 제발 좀 살려 주십시오."

랍비는 다시 엉뚱한 질문을 했다.

"집에 닭을 기르고 있는가?"

"물론입니다. 닭을 기르지 않는 유대인 농부란 있을 수 없지 않습니까?"

"닭을 어디에서 기르고 있는가?"

"아무려면 닭을 지붕에서 기르겠습니까? 우물 속에 넣어 기르겠습니까? 당연히 마당의 닭장에서 기르고 있지요."

"오늘부터는 닭도 집 안에서 기르도록 하게."

"닭도요?"

"그렇다네. 하나님의 뜻이니 어겨서는 안 될 것이야."

사나이는 며칠 뒤에 다시 랍비를 찾아왔다.

"저는 이제 더는 살 수가 없습니다. 그래서 죽기로 했습니다. 말리지 마십시오."

"정말 죽고 싶을 정도로 힘든가?"

"생각해 보십시오. 비좁아 터질 듯한 작은 집에 바글바글한 아이들, 게다가 고래고래 소리치는 마누라와 산양 다섯 마리, 닭이 열 마리, 이건 집이 아니라 지옥입니다. 제가 스스로 죽지 않아도 악에 받친 마누라가 저를 죽일 겁니다."

"그렇다면 산양과 닭을 원래대로 집 밖에서 기르도록 하게."

"그래도 되겠습니까?"

"그것이 하나님의 뜻이니 말일세."

사나이는 집으로 돌아갔고 그다음 날 행복한 표정으로 랍비를 찾아왔다. 축 처져 있던 어깨에 힘도 들어가 제법 씩씩해 보였다.

"정말 고맙습니다. 말씀대로 닭과 산양을 집 밖으로 내보냈지요. 그랬더니 집이 궁전처럼 넓어졌습니다. 랍비님께 천 년 동안 축복이 내리시기를……. 아내의 악다구니도 조용해졌어요. 이제 살 것 같습니다."

랍비가 빙그레 웃었다.

개념 찾기 질문

1. 왜 사나이는 랍비를 찾아갔을까?
2. 왜 사나이의 가족은 작은 집에서 살까?
3. 왜 아내는 매일 고약하게 굴었을까?
4. 왜 산양과 닭까지 집 안에서 기르라고 했을까?
5. 랍비가 말한 것은 꼭 하나님의 뜻일까?
6. 아내의 성격이 원래 고약했을까?
7. 사나이는 진짜로 죽으려고 했을까?
8. 사나이가 얼마나 기뻤으면 랍비에게 천 년 동안의 축복을 기도했을까?

아이와 함께하는 하브루타

엄마 채건아, 엄마는 이 이야기가 참 재미있다.

채건 저도요. 좀 웃겨요.

엄마 어떤 점이 웃겼어?

채건 처음이랑 똑같아진 거잖아요. 그런데 집이 궁궐 같아졌다며 기뻐 하니까요.

엄마 그래. 더 나쁜 상황까지 가 보고 나니까 지금이 좋다는 걸 알게 된 것 같아.

채건 마음은 참 신기해요.

엄마 마음이 왜 신기하다고 느꼈어?

채건 마음은 막 움직이잖아요. 좋았다가 나빴다가.

엄마 그렇지. 마음에 따라서 좋게 느껴지기도 하고 나쁘게 느껴지기도 해. 똑같은 것인데도 말이야.

채건 사람에 따라서도 다른 것 같아요. 친구들을 보면 어떤 애는 시험 못 봤다고 엄청나게 속상해하는데 또 어떤 애는 그렇지 않거든 요.

엄마 시험 못 봤다고 속상해하지 않는 아이는 왜 그런 것 같아?

채건 다음에 잘 보면 된다고 하더라고요. 공부 열심히 해서 다음엔 꼭 100점 맞을 거래요.

엄마 오, 정말 현명한 친구네. 채건이는 어때? 시험 못 보면?

채건 짜증 나요.

엄마 왜 짜증이 날까?

채건 원래 아는 건데 틀릴 때가 많거든요. 아예 모르는 거라면 짜증도 안 날 텐데.

엄마 그럴 수 있지. 엄마 같아도 짜증 날 것 같아. 그런데 짜증을 낸다고 달라지는 건 없지 않을까?

채건 그건 그래요. 하지만 짜증이 나요.

엄마 네가 말했듯이 마음은 움직이는 거잖아. 그러니까 짜증 나는 마음도 영원한 건 아니야. 그리고 그거 아니? 내가 마음을 움직일 수도 있단다.

채건 어떻게요?

엄마 일단 내가 왜 짜증이 나는지 마음을 들여다보고, 짜증 나는 상황을 만들지 않으려면 어떻게 해야 하는지 생각해 보는 거야. 해결책을 찾는 데 집중하면 짜증 나는 마음도 가라앉는단다.

채건 정말요? 저도 한번 해 볼게요.

엄마 좋았어! 우리 아들 최고다.

  세계적인 물리학자 스티븐 호킹은 한창 젊은 나이에 루게릭병으로 세 개의 손가락만 움직일 수 있었다. 모두가 애석해했고, 불운한 운명을 동정했지만, 과학 분야에서 놀라운 업적을 이뤄냈다. 어느 날 강연을 마치고 내려오자 한 기자가 물었다.

  "병마가 당신을 영원히 휠체어에 묶어 놓았는데 운명이라는 녀석이 너무 많은 것을 빼앗아갔다고 생각하지 않으세요?"

그러자 스티븐 호킹은 세 개의 손가락으로 타자를 쳤고, 화면에 그의 말이 떠올랐다.

"내 손가락은 여전히 움직일 수 있고, 머리는 여전히 생각할 수 있어요. 나는 평생 추구할 이상이 있고, 저 자신을 사랑하고, 사랑하는 가족들과 친구들이 곁에 있어요. 그렇습니다. 저는 감사하는 마음이 있어요."

그리고 마지막 말을 덧붙였다. "나의 두 손을 유지하게 해 준 삶에 감사합니다."

세상 모든 일은 마음먹기에 달려 있다. 같은 상황이라도 긍정적으로 바라보는 아이는 훗날 험한 세상을 살아가면서 좌절을 만나도 그 안에서 희망을 찾을 수 있다.

행복하지 않은 아이
havruta

일요일 아침의 거리는 어느 때보다 한산한 것이 보통이지만, 대치동은 다르다. 이른 아침부터 도로변은 자동차들로 가득 차고 거리는 학생들로 북적거린다. 대치동으로 이사 간 지 얼마 안 됐을 때 볼일을 보러 나갔다가 목격한 일요일 아침의 진풍경이었다. 토요일도 더하면 더했지 덜하지 않았다. 밤 10시, 학원에서 쏟아져 나온 아이들로 교통이 마비되기 일쑤였다.

중고생은 말할 것도 없고 초등학생마저 토요일 밤 10시까지 학원가를 맴돈다. 교과서나 참고서 외에는 책 한 권 읽기 힘든 삶을 살면서 상상력과 창의력, 사고력을 기대할 수는 없다. 그저 앉아서 강사의 설명을 듣느라 바쁘고 그것을 열심히 외우는 데 시간을 다 보낸다. 그런 다음 잊어버리기 전에 시험을 보고, 시험이 끝나면 깨끗이 잊어버리는 공부를 되풀이하고 있다.

많은 부모가 러닝머신 위에 아이를 올려놓고 그저 달리라고만 한다. 왜 달려야 하는지도 모른 채 스스로 속도 조절도 할 수 없어 무조건 달리기만 하는 아이가 행복할 수 있을까?

요즘 부모들은 아이에게 정성을 다한다. 매일 아이와 함께하며 일거수일투족을 관리한다. 아이는 부모가 짜놓은 각본대로 움직이는 태엽 인형과 같다. 아이는 엄마가 대신 생각해 주고 결정해 주는 데 익숙해져서 아마 이렇게 말하게 될지도 모른다.

"엄마, 이제 뭐 하면 돼요?"

"난 잘 모르겠어요. 엄마가 결정해 주세요."

"엄마가 대신 해 주세요. 난 못 하겠어요."

"엄마가 시키는 대로만 하면 된대요."

태엽 인형이 된 아이가 과연 행복할 수 있을까? 그렇게 앞만 보고 달리는 열정적인 부모와 아이들이 삶에 대해 느끼는 만족도는 얼마나 될까?

아이가 행복해하지 않는 것 같다면 잠깐 멈춰 서서 돌아볼 필요가 있다. 러닝머신에서 떨어지면 안 된다고 아이를 너무 몰아붙이고 있는 것은 아닌지, 우리 가정에 대화는 충분한지, 다 같이 모여 식사하는 행복한 시간은 있는지, 부모의 머릿속에 내 아이가 아니라 잘난 다른 아이들이 잔뜩 들어와 있지는 않은지, 그래서 순간순간 다른 아이들과 내 아이를 비교하고 있지는 않은지, 그 실망감 때문에 아이에게 해서는 안 될 말을 하고 있지는 않은지 생각해 봐야 한다.

무엇보다 부모 자신이 행복해야 한다. 부모가 행복해야 아이도 행복하다. 누구나 이 사실을 알지만 실천하기는 어렵다. 하지만 아이가 행복하기를 바란다면 부모 먼저 행복 찾기를 시작해야 한다. 그 출발은 긍정의 마음이다. 주어진 환경을 인정하고, 아이를 있는 그대로 인정해야 한다. 인정하고 받아들이는 것이 행복의 시작이다.

아이에게 들려줄 이야기

행복이란 무엇일까

많은 재산을 가진 부자가 중병에 걸렸다. 곳곳에서 의사가 찾아왔지만 아무도 그의 병을 고치지 못했다. 날이 갈수록 병세가 나빠져 모든 희망이 사라진 것처럼 보였다. 하루는 곳곳을 떠도는 수도자가 찾아와서 말했다.

"진정으로 행복한 남자의 셔츠를 병자의 등에 걸쳐 주십시오. 그러면 나을 것입니다."

병자의 가족과 하인들은 도시로 나가 진정으로 행복한 남자의 셔츠를 찾으러 다녔지만 발견할 수 없었다. 어디에도 완전하게 행복한 사람은 없었던 것이다. 하지만 병자의 아들은 반드시 그런 사람을 찾아내어 아버지를 구하겠다고 결심했다.

아들은 곳곳을 돌아다녔다. 걷고 또 걷다가 사막에 도착했다. 밤이 되었고 몸도 지쳐서 쉬어야겠다고 생각한 아들은 동굴을 하나 발견하고 그곳에서 하룻밤을 지내기로 했다. 동굴 앞에 도달했을 때 안에서 남자의 목소리가 들려왔다.

"아, 난 정말 행복해! 정말 멋진 하루였어. 오늘도 푹 자 볼까?"

이 말을 듣고 아들은 자신의 여행 목적이 달성된 것으로 여기고 기뻐했다. 아들은 동굴 안으로 들어가 남자한테 다가갔다. 남자의 셔츠를 벗기려고 했을 때 아들은 남자가 아무것도 입지 않은 알몸이라는 것을 알았다. 아들은 실망하여 그 자리에 얼어붙은 듯이 서 있었다.

"왜 그러십니까?"

남자가 물었다.

"당신이 스스로 행복한 사람이라고 말하는 것을 들었습니다. 그래서 저는 당신의 셔츠를 갖고 싶었습니다. 그 셔츠만이 제 아버지의 병을 고칠 수 있습니다."

행복한 남자는 말했다.

"하지만 만약 나에게 셔츠가 있었다면……"

아들은 다음 말을 기다렸다. 행복한 남자는 조용히 말했다.

"나는 행복하지 않았을 것입니다."

🔍 개념 찾기 질문

1. 나는 행복한가?

2. 행복이란 무엇인가?

3. 행복에도 자격이 있는가?

4. 내가 만족할 때는 어떤 때인가?

5. 행복한 사람이 되기 위해 어떤 것을 해야 하나?

6. 행복한 사람만 있는 세상에는 어떤 일이 일어날까?

7. 어떻게 하면 행복하지 않을까?

8. 꼭 행복해야 할까?

9. 나는 지금 생활에 만족하는가?

10. 내가 생각하는 만족스러운 생활이란?

11. 어떻게 하면 불행해질까?

12. 불행한 사람의 삶은 어떨까?

13. 불행한 사람과 행복한 사람의 행동은 어떻게 다를까?

14. 나는 언제 불행함을 느끼나?

15. 불행한 사람은 어떤 마음가짐으로 세상을 살까?

16. 내 주변에 행복한 사람은 누가 있을까?

17. 행복이라는 것이 없다면 어떻게 될까?

18. 행복은 왜 중요할까?

19. 병은 행복을 빼앗아갈까?

20. 행복한 남자가 마지막에 한 말은 무슨 의미일까?

아이와 함께하는 하브루타

엄마 주은아, 행복이란 무엇인 거 같니?

주은 음…… 행복이란 슬프지 않은 거예요. 기분이 좋은 거고, 웃음이 나는 거예요.

엄마 그래, 행복하면 기분이 좋고 웃음이 나지. 그런데 엄마는 주은이가 웃는 걸 본 지가 오래된 것 같아. 주은이는 언제 행복해?

주은 엄마가 웃을 때요.

엄마 엄마가 웃을 때 주은이는 행복하구나. 왜 그럴까?

주은 엄마가 웃지 않으면 화가 난 것 같아요. 내가 뭘 잘못했나 하는 생각이 들어요.

엄마 그랬구나. 엄마는 몰랐어. 엄마가 많이 웃었으면 좋겠니?

주은 네. 엄마가 웃으면 나도 웃음이 나고 기분이 좋아요. 엄마가 나를 보고 웃으면 나를 사랑하는 것 같아요.

엄마 엄마는 웃을 때도 웃지 않을 때도 우리 딸을 사랑해. 언제나 너를 사랑한단다.

주은 하지만 웃지 않으면 사랑하는 것 같지 않아요.

엄마 저런, 우리 주은이 마음을 엄마가 몰랐네. 미안해.

주은 괜찮아요.

엄마 주은아, 엄마는 그동안 행복하지 않다고 느낀 것 같아. 여러 가지로 힘들었거든. 사실, 불행하다고 생각했어. 하지만 생각이 바뀌었어. 이렇게 사랑하는 우리 딸이 있는데 어떻게 행복하지 않을 수 있겠니. 행복이 여기 있는데 엄마가 그걸 몰랐구나. 이젠 많이 웃어야겠다.

주은 　엄마, 선생님이 그러시는데 웃으면 복이 온대요.

엄마 　정말 좋은 말씀을 해 주셨구나. 맞아, 웃으면 행복이 찾아온단다.

　소원해진 남편과의 관계에서 오는 불만, 능력 있는 커리어우먼이었으나 출산과 육아로 인해 경력이 단절되면서 찾아온 무기력감과 상실감으로 엄마는 자신의 삶을 불행하게 느꼈다. 하지만 딸에게만큼은 최선을 다했고, 좋은 엄마라고 자부했다.

　아이의 속마음을 듣고 엄마는 마음이 아팠다. 한편으로는 마음이 치유되는 느낌이 들었다. 하브루타를 하면 상대방의 생각과 감정을 이해하게 되고, 자신의 생각과 감정 또한 정리할 수 있다. 그래서 심리적 장애물이 사라지는 듯한 기분을 맛볼 수 있다.

　엄마는 남편과의 관계를 회복하기 위해 노력하겠다고 마음먹었다. 그리고 자신의 현실 안에서 작은 행복부터 찾아 나가기로 했다.

고마워하지 않는 아이
havruta

미국의 대표적인 심층 뉴스 TV 프로그램 「인사이드 에디션Inside Edition」의 진행자로 유명한 데보라 노빌은 "감사합니다", "고맙습니다"라는 한마디에 담긴 놀라운 힘을 『감사의 힘』에 담아 출간한 바 있다. 이 말을 하는 데 0.3초도 걸리지 않지만 그 힘은 기적에 가깝다고 말한다. 감사할 일에 집중하는 사람들은 삶에 대해 더 행복하다고 느끼고, 낙천적인 성격으로 변하고, 활력이 넘치는 생활을 하고, 더 열정적으로 활동하고, 다양한 것에 흥미를 느끼고, 운동을 더 열심히 하고, 인생의 목표를 수립했으며, 그것을 이루기 위해 노력한다. 이는 실험을 통해서도 입증된 사실이다.

감사는 우리의 인생을 긍정적이고 올바른 방향으로 이끈다. 그러나 우리는 알면서도 감사를 잊고 산다. 일상이 아무 일 없이 반복되는 것이야말로 감사할 일이다. 누가 아프거나 사고가 나서 일상이 깨져 보면 평범한 날들이 얼마나 감사한 날들이었는지 알게 된다.

감사할 줄 아는 사람은 어려움 속에서도 포기하지 않고 앞으로 나아갈 수 있다. 현실이 아무리 고통스럽더라도 감사할 일은 있다. 살아 있다는 것 자체가 가장 감사한 일이다. 감사를 느낄 때 우리 안에서 힘이 솟고, 누군가에게 감사를 표현하면 상대에게도 힘이 된다.

아이가 부모의 노고를 당연한 것으로 알고, 무언가를 끊임없이 요구하며, 만족을 모른다면 감사에 대해 진지하게 생각해 보는 시간을 갖는 게 좋다.

아이에게 들려줄 이야기

꿈이라니, 감사합니다

숲에서 땔감을 만들어 도시에 내다 팔며 처자를 부양하는 사람이 있었다. 조상들도 같은 나무꾼이었는데, 조상들과 마찬가지로 그도 가난을 면치 못하여 늘 궁핍하게 살았다.

어느 무더운 여름날, 그는 아침부터 통나무를 패기에 몹시 지쳤다. 그래서 도끼를 옆에 놓고 잠시 쉬려고 누웠다. 그는 한숨 섞인 목소리로 혼잣말을 했다.

"왜 나 같은 인간이 세상에 태어났을까? 매일매일 고생의 연속인걸. 내 입에 들어가는 거라곤 메마른 빵과 풀뿌리 그리고 산딸기뿐

이야. 태어나서 지금까지 닭고기 한 번 먹어 본 적이 없어. 하루 종일 노예처럼 일하지만 금화 하나 만져 본 적도 없고, 땔감을 팔아 손에 들어오는 건 구리 돈이 전부야. 상인과 환전상들이 가지고 있는 금화 한 냥이라도 있다면 나는 집에서 하루 종일 신을 찬양할 텐데!"

그렇게 푸념을 하다가 지친 나무꾼은 어느새 잠이 들고 말았다. 그는 꿈을 꾸었다. 눈매가 별처럼 빛나는 훌륭한 젊은이가 황금 지팡이를 들고 그에게 왔다.

"신께서 당신의 한숨 소리를 들으시고 당신의 눈물을 보셨습니다. 신은 당신의 한 가지 소원을 이루어 주기 위해 저를 보내셨습니다. 당신이 원하는 것은 뭐든지 들어드리겠습니다."

그러자 나무꾼이 말했다.

"제 소원은 제가 만지는 모든 것이 황금으로 변하는 것입니다."

젊은이는 이 말을 듣고 큰 소리로 웃으며 말했다.

"그렇게 될 것이오!"

젊은이는 황금 지팡이로 나무꾼을 한 번 건드리더니 홀연히 자취를 감췄다.

나무꾼은 잠깐 꿈을 꾸었을 뿐이라고 생각하면서도 그 젊은이가 정말 신이 보낸 사자가 아닐까 하는 일말의 희망을 품었다. 그래서 손을 뻗어 통나무를 만져 보았다. 그랬더니 통나무가 황금으로 변하는 것이 아닌가! 그는 뛸 듯이 기뻐했다.

"난 이제 세상에서 제일가는 부자다. 호화로운 집을 지어 침대와 의자를 들여놓아야지. 내가 손만 대면 모두 황금이 될 테니까! 쓰레기까지 황금으로 바꿀 수 있어!"

그의 기쁨은 극에 달했다. 그러다가 목이 말라서 머리맡에 둔 물병으로 손을 뻗었다. 손을 댄 순간, 물병이 황금으로 변했다. 그리고 물병을 입으로 가져갔지만 아무것도 흘러나오지 않았다. 놀라서 물병을 높이 들어 기울여 보았지만 마찬가지였다. 물이 그의 혀에 닿자마자 황금으로 변했기 때문이다. 나무꾼은 큰 소리로 울부짖었다.

"이, 이를 어쩌면 좋단 말이냐! 나의 축복은 저주구나! 내가 만지는 것마다 모두 황금으로 변한다면 나는 대체 무엇을 먹고 무엇을 마신다는 말인가!"

무엇을 원해야 할지 몰랐던 자신의 어리석음을 탄식하며 나무꾼은 생각했다.

'그때 젊은이가 웃었던 것은 나의 선택을 기뻐해 준 게 아니라 나의 어리석음을 비웃었던 거야!'

목이 타서 견딜 수가 없었던 나무꾼은 이 곤경에서 벗어나게 해 달라고 신께 애원하기 시작했다. 기도를 하다가 잠에서 깨어난 나무꾼은 자신이 머리맡에 물병을 둔 채 꿈을 꾸었다는 것을 알았다. 그는 물병을 집어 들어 물을 마셨고, 그 맛있는 물이 들어가자 다시 살아난 느낌이었다.

나무꾼은 일어나서 어깨에 땔감을 지고 도시로 향했다. 꿈을 꾸게 해 주신 신께 감사하면서.

🔍 개념 찾기 질문

1. 감사를 모르는 사람이 있을까?

2. 왜 감사를 모르는 걸까?

3. 감사하는 마음이 없다면 어떻게 될까?

4. 왜 감사하는 마음이 필요할까?

5. 감사는 사람에게 어떤 영향을 줄까?

6. 감사를 모르는 사람은 어떻게 될까?

7. 무조건 감사만 한다면 문제는 없을까?

8. 나한테 100억 원이 생긴다면?

9. 돈을 어떻게 써야 잘 썼다고 할 수 있을까?

10. 재산이 없다면 어떻게 해야 할까?

11. 모든 일에 불만이 있다면 어떻게 될까?

12. 감사를 잘 아는 사람의 성격은?

13. 감사를 모르는 사람의 성격은?

14. 다시 살아난 느낌은 어떤 것일까?

아이와 함께하는 하브루타

엄마 만지는 것마다 황금으로 변한다면 엄마가 너를 껴안을 수도 없을 거야. 우리 아들이 황금으로 변해 버리면 어떡해?

태경　그러게요. 어리석은 소원이었어요.

엄마　우리 태경이는 무슨 소원을 말했을 것 같아?

태경　돈이 계속 나오는 상자요.

엄마　화수분 같은 거로구나. 화수분은 옛날이야기에 나오는 보물단지인데 거기에 물건을 넣어두면 새끼를 쳐서 꺼내도 꺼내도 계속 새로 생기지. 태경이는 돈이 계속 생겼으면 좋겠구나. 그 많은 돈으로 뭘 할 거야?

태경　게임 아이템도 사고, 축구화도 사고, 새 자전거도 사고 싶어요.

엄마　사고 싶은 건 다 살 수 있으니 정말 고맙겠다.

태경　그런데 나중엔 별로 안 고마울 것 같아요.

엄마　오, 그래? 왜 그럴까?

태경　너무 많으니까요.

엄마　그래, 그럴 수 있어. 그러고 보면 부족할 때 오히려 감사하게 되는 것 같아. 이미 가진 것에 대해서는 고마움을 잊어버리지. 사실 주위를 둘러보면 온통 감사한 일들인데 말이야. 우리 태경이가 엄마 아들인 것도 정말 감사하고, 게다가 건강하게 무럭무럭 자라주기까지 하니 얼마나 감사한지 몰라.

태경　엄마, 저도 감사해요.

엄마　그렇게 말해 주니 또 고맙네.

감사는 행운을 부르고 불평불만은 불운을 부른다. 감사할 줄 모르면 이미 가지고 있는 것조차 잃을 수 있다. 엄마는 감사일기를 쓰기 시작했다. 다이어리에 그날의 감사한 일 세 가지를 적는 것이다. 아이를 잠자리에 누이고 나서 아이에게도 그날의 감사한 일 세 가지를 떠올려 보게 했다. 아이는 매일 밤 감사한 마음으로 잠이 들었다.

에필로그

/////

상처 주지 않고 야단치지 않고 아이를 바르게 키운다

　몇 년 전 '탈무드 지혜교실'을 운영할 때였다. 어느 날 눈망울이 유난히 반짝이는 초등학교 1학년짜리 남자아이를 만났다. 아이는 의자에 앉는 순간부터 쉴 새 없이 이야기를 시작했다. 눈을 맞추고 귀를 기울여 주었더니 더욱 신이 나서 재잘거렸다. 아이는 하고 싶은 말을 거침없이 쏟아냈을뿐더러 논리적으로 이야기할 줄 알았다. 초등학교 1학년이라고는 믿기지 않을 만큼 뛰어난 말솜씨와 표현 능력을 지니고 있었다.

　하지만 그런 아이를 바라보는 엄마의 얼굴에는 근심이 가득했다. 엄마가 무엇을 걱정하는지 알 것 같았다. 아이의 뛰어난 장점이 여러 아이와 함께 수업을 받는 교실에서는 문제가 됐던 것이다. 선생님과 아이 사이에 시시콜콜 갈등이 생긴다고 했다. 그런데 엄마의 고민은 그것만이 아니었다. 아이를 공교육에 적응시킨다는 명분으로 창의적인 아이의 입을 닫게 할까 봐 그것도 걱정이었다.

별다른 대안이 없어 이러지도 저러지도 못 하는 엄마의 처지가 안타까웠다. 며칠 전에는 아이가 이렇게 말했다고 한다.

"상자 같은 교실 안에서 왜 말없이 색칠만 해야 하는 거야? 난 정말 싫어!"

아이의 마음이 얼마나 답답했으면 그런 표현을 했을까 싶었다.

이런 환경을 만든 어른을 대표하여 한없이 미안했다. 탈무드 지혜교실에서라도 마음껏 '왜?'라는 세상 속으로 신나는 여행을 해야겠구나 하는 생각이 들었다.

탈무드 지혜교실에서 아이는 『탈무드』 이야기를 읽고 친구들과 마음껏 토론했다. 마냥 신이 나서 두 시간이 훌쩍 지나가 버리곤 했다. 특히 초등학교 1학년 수업은 왁자지껄 그 자체였는데, 그것은 아이들이 아주 즐겁다는 증거였다. 사실 학교에서 교사가 한 아이의 말을 집중해서 들어주고 정성스럽게 대답해 주기란 여간 어려운 일이 아니다. 그래서 그동안 막혔던 말문이 마음껏 터지나 보았다.

저학년 아이들은 탈무드 지혜교실을 그냥 지나치지 못했다. 부모와 함께 교실 앞을 지나갈 일이 있으면 반드시 문을 빼꼼히 열고 들어와 이야기보따리를 풀어놓고 가곤 했다. 들어올 때 표정은 항상 밝았다. 누가 자신의 말을 진지하게 들어주기만 해도 기쁘고 심리적으로 안정을 찾을 수 있기 때문이다.

두 아이를 탈무드 지혜교실에 보내는 엄마가 있었다. 일주일에 한 번씩 왔는데, 어느 날 큰아이가 일주일에 두 번 가고 싶다는 말을 했다고 한다. 엄마는 아이가 어딘가를 스스로 가겠다고 한 것도 처음이지만 더 자주 가겠다고 한 말에 놀라워했다. 심지어 동생은 다른 학원은 다 그만둬도 탈무드 지혜교실만은 계속 다니겠다고 했단다. 두 아이를 만날 때마다 생각이 조금씩 자라는 걸 느끼고는 있었지만 그렇게 만족해하면서 다니고 있다는 것을 알게 되니 흐뭇하고 마음이 찡했다.

하나의 개념이 들어가 있는 이야기를 소재로 친구들은 물론 선생님과 함께 두 시간 동안 토론을 한다는 것 자체가 아이들에겐 새로운 경험일 수밖에 없다. 거기에 더해 교재에 얽매이지 않고 자기 생각을 확장하면 칭찬을 받으니 어디에서도 받아보지 못한 특별하고 즐거운 수업이었을 테다.

하브루타는 초등학생뿐 아니라 중학생, 고등학생들도 즐거워한다. 탈무드 지혜교실에 다니던 중학교 3학년 남학생은 언제부터인지 가족과의 대화 시간이 자연스럽게 늘었다. 학원에 다녀오면 방문을 닫고 들어가서 나오지 않던 아이가 하브루타 수업을 하고 온 날 저녁이면 토론에서 나왔던 이야기들을 전달하느라 말이 많아진 것이다. 덕분에 집 안은 열띤 토론장이 되곤 했단다.

또 다른 중학교 3학년 친구는 아버지와 대화거리가 없어서 고민이었는데 『탈무드』 이야기를 소재로 서로의 생각을 나누니 관계가 훨씬 부드러워지고 가족 전체의 분위기도 화기애애해졌다고 말했다.

평소 가족이 나누는 대화는 일상적인 것에만 머물러 있어서 특별히 할 얘기가 없을 때가 많다. 그러나 『탈무드』라는 소재로 얘깃거리가 넘쳐난 것이다.

편하고 자유롭게, 마음껏 말할 수 있고 진지하게 들어주는 사람이 있는 곳이야말로 아이들에게 꼭 필요하다. 가정이야말로 이런 곳이 되어야 한다. 매일 시간을 내기가 힘들다면 일주일에 한두 번이라도 온 가족이 둘러앉아 하브루타를 해 보자. 그러면 아이들의 입에서도 저절로 이런 말이 나올 것이다.

"우리 집이 세상에서 제일 좋아요. 엄마 아빠가 최고예요."

백 명의 스승보다 한 명의 부모가 낫다

우리에게 하브루타 하면 공부법을 먼저 떠올리기 쉽다. 물론 사고력과 창의력을 키워 자기주도학습을 할 수 있게 이끌기도 하지만 그것이 전부는 아니다.

유대인들은 안식일에 식탁에서 하브루타를 한다. 여전히 대가족이 함께 사는 경우가 많아 할아버지 할머니부터 손자에 이르기까지 온 가족이 둘러앉아 일주일 동안 있었던 일을 나누고, 고민이나 바라는 것을 서로 이야기한다.

누군가를 사랑한다는 것은 상대방의 마음을 알고 헤아리는 데서 시작한다. 하브루타를 하다 보면 가족끼리 모르는 것이 거의 없을 정도로 속속들이 알게 된다. 서로에 대한 이해가 깊어지고 자연히 애착이 형성되는 토대가 마련된다.

아이와 이야기하는 것은 부모와 애착을 형성하는 데도 효과적이다. 가정에서 하브루타를 하면 아이와 애착이 형성돼 아이의 정서적 안정과 자존감, 자신감을 심어 줄 수 있고, 부모와 자녀 간에 친밀감을 높여 행복감을 느끼게 한다. 더불어 뇌를 활발히 사용하게 해 사고력과 창의력을 끌어올린다. 유대인들에게 가장 행복한 순간을 물으면 가족과 대화를 나누는 시간이라고 답한다.

여러 가지 이야기를 하면서 아이에게 책임감, 도전정신, 감사, 배려 등 살아가는 데 꼭 필요한 삶의 태도이자 습관을 수월하게 길러 줄 수 있다. 부모들은 대개 "친구와 싸우지 말고 지내라", "숙제하고 놀아야지", "한번 임원 선거에 나가 봐"라고 아이의 생각이나 의견에는 아랑곳없이 가르침을 전할 때가 많다. 부모가 자녀에게 일방적으로 하는 가르침은 자녀에게 잔소리로 들릴 수밖에 없다. 대다수 가정에서 자녀교육은 이런 식으로 이뤄진다. 자녀의 욕구나 마음에는 관심이 없고 일방적으로 '옳은 소리'를 쏟아내기만 한다. 과연 효과적일까? 한 번의 손쉬운 잔소리보다는 하브루타를 통해 아이의 생각과 마음을 듣고 질문과 대화를 통해 생각을 키우고 습관이 되게 하는 것이 좋다.

우리 문화와는 많이 다르기에 하브루타를 실행하는 데 어려움을 느끼는 경우가 많지만, 결코 어려운 방법이 아니다.

두 자녀를 아주 훌륭하게 키워낸 카이스트 박사가 있었다. 기자가 그 비결을 물었다.

"자녀에게 어떤 교육을 하셨습니까?"

"저는 한 게 아무것도 없습니다. 단지 아이들과 항상 저녁 식사를 같이하면서 대화를 나누었을 뿐입니다."

또한 『탈무드』에는 다음과 같은 격언이 있다.

"밖에 있는 백 명의 스승보다 한 명의 아버지가 낫다."

우리는 부모가 자녀의 훌륭한 스승이 될 수 있다는 사실을 간과한다. 훌륭한 스승은 당연히 밖에서 찾아야 한다고 생각한다. 하지만 다시 생각해 보면 우리 자녀에게 맞춤 교육을 할 수 있는 적임자는 바로 부모다.

가족 간의 대화가 아이들이 세상을 스스로 헤쳐 나가는 데 힘이 되는 중요한 습관을 길러 준다. 끝없이 질문하고 대화하며 토론하는 하브루타 가족의 미래는 희망적이다.

아이를 혼내기 전 읽어야 할
엄마의 하브루타 대화법

초판 1쇄 발행 2019년 10월 30일
초판 8쇄 발행 2021년 9월 10일

지은이 김금선
펴낸이 이승현

편집 1 본부장 배민수
에세이3 팀장 오유미
디자인 어나더페이퍼
기획 이진아콘텐츠컬렉션
편집진행 남은영

펴낸곳 (주)위즈덤하우스 출판등록 2000년 5월 23일 제13-1071호
주소 서울특별시 마포구 양화로 19 합정오피스빌딩 17층
전화 02)2179-5600 홈페이지 www.wisdomhouse.co.kr

ⓒ 김금선, 2019

값 13,800원 ISBN 979-11-90305-88-4 13590

* 인쇄·제작 및 유통상의 파본 도서는 구입하신 서점에서 바꿔드립니다.
* 이 책의 전부 또는 일부 내용을 재사용하려면 반드시 사전에
  저작권자와 (주)위즈덤하우스의 동의를 받아야 합니다.